智者的遺產

西方文化思想精粹

LEGACY
OF WISE MEN

米利都學派的開端、赫拉克利特的流
變哲學、原子論的創立和發展……
從古典哲學到近現代教育革新的軌跡

【從古哲學家到現代思想家，一場智慧的對話】

◎解析中世紀的思想轉變，啟蒙運動的光芒
◎深挖科學革命與哲學革新，啟發思想火花
◎啟示未來道路，西方文化思想的精粹總結

探索古希臘到近代啟蒙，西方思想史的精彩旅程

李劍橋，竭寶峰 編著

目錄

目錄

近代西方思想

古希臘羅馬哲學

米利都學派

─ 泰勒斯 ─

泰勒斯 (Thales，鼎盛年約在西元前 585 年) 出身於米利都的名門望族，早年曾到巴比倫、埃及等地遊學，並將巴比倫的天文學、埃及的幾何學介紹給了希臘人。他曾經準確地預測了西元前 585 年的一次日食，確定了 365 天為一個太陽年，運用幾何學定理來測量海上船隻的距離，並且由於預見到來年的橄欖大豐收而乘機租借榨油機以至於發財致富。由於知識淵博，他與雅典城邦的立法者梭倫等人一起被列為當時希臘的「七賢」之一。據說泰勒斯有一次觀察星象時不慎跌入一個坑裡，他的僕人就嘲笑他能夠認識天上的事物，卻看不見腳下的東西。這個軼聞倒是反映了哲學家們往往更關注超越日常經驗之上的事物而不是眼前的東西。

泰勒斯沒有留下什麼著作，我們是透過古代文獻的轉述而知道他的基本思想的。他之所以被譽為「哲學之父」，只是由於他表述了這樣一個觀點：水是萬物的本原。這種關於萬物本原的說法在今天看來是非常幼稚可笑的，但是它卻是突破傳統的神話宇宙論而用自然物質本身來說明萬物本原的第一個嘗試。在泰勒斯提出水是萬物的本原之前，希臘人對於宇宙起源和自然演化的理解都是依據神話的生殖原則。亞里斯多德認為，古代人在神話中將水當作最古老、最受尊崇和最神聖的事物的傳統

觀點，例如海神夫婦是諸神和萬物的始祖的觀點，以及諸神把大海和冥河（斯提克斯河）作為發誓的見證的觀點，對於泰勒斯提出水是萬物本原的哲學思想是有一定的影響的。對於把海洋視為生存的命脈的希臘人來說，這種看法再平常不過了。泰勒斯的偉大創見則在於，他第一次擺脫了神話宇宙論的傳統藩籬，試圖在自然界的範圍之內，用作為日常自然物質的水來說明萬物的根源。

自然界的物質形態萬千，泰勒斯為什麼要把水說成是萬物的本原呢？泰勒斯透過觀察發現，「一切種籽皆滋生於潤溼，一切事物皆營養於潤溼，而水實為潤溼之源」。在泰勒斯那裡，水是具有運動變化的本性的，它不僅是萬物由以產生的源泉，而且也是萬物運動變化的原因。泰勒斯曾經說過「磁石有靈魂，因為它吸動鐵」這樣的話，他把靈魂理解為某種「具有引起運動的能力」的東西，並且主張萬物都具有「靈魂」。但是泰勒斯所理解的「靈魂」不是一種精神性的東西，而是水所產生的溼氣，這種溼氣瀰漫於宇宙中，構成了萬物運動的原因，萬物的質料因和動力因在他這裡尚未分化。那種把物質性的本原看作是惰性的和被動性的，而將能動性歸結於某種獨立的精神實體的觀點，是在較晚的希臘哲學中才產生的。

當泰勒斯把水當作萬物由以產生的根源時，他第一次以哲學的方式（而非神話的方式）表述了關於本原的思想（儘管「本原」這個概念是由他的學生阿那克西曼德首先使用的）。他由此被看作希臘哲學的創始人。

― 阿那克西曼德 ―

阿那克西曼德 (Anaximander，鼎盛年約在西元前 570 年) 是泰勒斯的朋友和學生，他對天文學、地理學均有過較為深入的研究，發明了日

晷和天球儀以測定太陽的軌跡和晝夜平分點，繪製了第一張陸地與海洋的輪廓圖。他也是第一個用文字來記錄自己思想的人，他寫過一部名為《論自然》的著作，可惜早已失傳。阿那克西曼德還以一種樸素的方式表達了進化論的思想，他認為生物都是從太陽所蒸發的溼元素中產生的，而人則是從魚進化而來的，因為人在胚胎狀態時很像魚。他建立了一種宇宙論模型，認為世界的形狀像一個圓筒，地球處於圓筒的中間，被大氣和火圈所環繞，人們透過氣孔而看到的火光就是日月星辰。

「本原」（αρχη，又譯作「始基」）這個概念據說是由阿那克西曼德最先使用的，而且他使得「本原」概念具有了一點抽象的和形而上學的意味。阿那克西曼德顯然對於他的老師泰勒斯單是將水說成萬物本原的做法不滿意。在他看來，泰勒斯之所以要把水作為本原，是由於水的「無定形」的性質；但宇宙間無定形的不單只是水，所以本原應當是一切「無定形之物」（απειρον，即「無定形」之意，又譯作「無限」，或音譯為「阿派朗」）。阿那克西曼德認為：「在火、氣、水、土之中任何一種都不能生成萬物。除此而外的其他事物也不能，如某種介乎氣與水或氣與火之間的中間物。」總之，任何單一的或單純的自然物均不能成為萬物的本原，只有各種無定形之物所構成的原始混沌體，才是萬物的本原。儘管阿那克西曼德並沒有具體說明「無定形」究竟是什麼，但是他卻明確地表示它不是任何一種具有固定形態的東西，因為任何單純的和有形的東西都是有生有火的，而只有無定形的東西才是不生不滅的，一切生滅變化的東西都是從中作為結果而產生出來的。如亞里斯多德所解釋的：「它作為本原，是不生不滅的。凡是產生出來的東西，都要達到一個終點，然而有終點就是有限［有定形］。所以說，無限者［無定形者］沒有本原，它本身就是別的東西的本原，包羅一切，支配一切。」可以

說，「無定形」是阿那克西曼德對萬物本原的一種否定式的表述，黑格爾認為，阿那克西曼德「把原則規定為『無限』，所造成的進步，在於絕對本質不再是一個單純的東西，而是一個否定的東西、普遍性，一種對有限者的否定。」這意味著哲學思維層次的提高。

「無定形」作為一種原始混沌體，包含著一些對立的東西於自身之中，這些對立物就是冷與熱、乾與溼，由於它們的作用，從原始混沌的「無定形」中分離出萬事萬物。與泰勒斯不同，阿那克西曼德認為事物的產生不是由於某種基本元素(如水)的轉化，而是由於永恆的運動把對立物從「無定形」中分離出來，因此，所謂產生即是對立物的分離。辛普裡丘在介紹阿那克西曼德的哲學思想時寫道：「萬物由之產生的東西，萬物又消滅而復歸於它，這是命運規定了的。因為萬物在時間的秩序中不公正，所以受到懲罰，並且彼此互相補充。這是他以頗帶詩意的語言說出的話。」這種以朦朧的詩意語言表達的哲學思想，與表現「命運」主題的希臘悲劇具有內在的相似性，都反映了一種由神祕的「命運」所主宰的對立面衝突和因果報應思想。這種關於「命運」的決定論思想，稍後我們在與阿那克西曼德有過師承關係的畢達哥拉斯的哲學中也可以看到。

─ 阿那克西美尼 ─

阿那克西美尼 (Anaximenes，鼎盛年約在西元前 546 年) 是阿那克西曼德的學生，我們關於他的生平情況所知甚少。與米利都學派的前兩位自然哲學家一樣，阿那克西美尼也對自然現象作過一些研究，他認為地球和日月星辰都是從空氣中產生出來的，並且被空氣和一種神聖性的「噓氣」(或「精氣」) 所包圍著，他因此而提出了氣是萬物本原的觀點。

　　阿那克西美尼關於氣是萬物本原的觀點顯然是對泰勒斯和阿那克西曼德思想的一種綜合，如果說泰勒斯的水是對萬物本原的一種肯定性的表述，而阿那克西曼德的「無定形」是對萬物本原的一種否定性的表述，那麼阿那克西美尼的氣則是對萬物本原的一種否定之否定的表述。氣一方面是一種與水一樣的自然物質，另一方面卻比水更加具有無定形的特點，它是一切無定形之物中「最」無定形的一個，因而能作為一切尤定形之物的代表；它一方面實實在在地存在著，另一方面卻不可測量和無邊無際，無孔不入也無所不包。因此將氣說成萬物的本原似乎更加順理成章，既超出了泰勒斯的局限性，也克服了阿那克西曼德「無定形之物」的籠統性。氣本身具有無定形的屬性，正是它的聚散離合構成了宇宙萬物。氣具有冷與熱兩種性質以及與之相對應的凝聚與稀散兩種運動。阿那克西美尼認為：「使物質集合和凝聚的是冷，使它稀薄和鬆弛的則是熱。」作為萬物本原或基質的氣「借稀薄和濃厚而形成不同的實體。當它很稀薄的時候，便形成火；當它濃厚的時候，則形成風，然後形成雲，而當它更濃厚的時候，便形成水、土和石頭；別的東西都是從這些東西產生出來的。」由於冷、熱這兩種對立性質的相互消長，氣就隨著凝聚和稀散這兩種相反的運動而分別轉化為火、水、土以及宇宙萬物。

　　阿那克西美尼的氣不僅是指一種自然物質，有時候它也指呼吸、靈魂或某種神聖性的東西（「精氣」）。但是無論是哪一種意義上的氣，都不具有一種獨立的精神性含義。吉爾克指出：「可能阿那克西美尼自己關於神說過一些什麼：有理由可以推論出的是：世界上的諸神本身是從包含一切的氣中衍生出來的，只有氣才是真正神聖的。」神本身就是從氣中產生的，因此神聖的「噓氣」（或「呼吸」）和靈魂之類的東西仍然是一種物質性的氣。就此而言，阿那克西美尼的「氣本原說」表現了一種樸

素的物質與精神未分化的思想。早期希臘人缺乏關於獨立的精神實體的觀念,同時也缺乏脫離了精神性的純粹物質的觀念。他們很難想像和理解完全脫離肉體的靈魂或精神。只有到了希臘城邦文化的鼎盛時期,希臘哲學家(阿那克薩哥拉)才提出了與物質相分離的獨立的精神實體(「心靈」)的概念。

畢達哥拉斯學派

　　畢達哥拉斯 (Pythasoras，鼎盛年約在西元前 531 年) 出身於愛奧尼亞的薩摩斯島，早年曾就學於泰勒斯和阿那克西曼德，40 歲時由於與薩摩斯僭主波呂克拉底發生衝突而移居南義大利的克羅頓城邦，並在那裡建立了一個帶有宗教色彩的學術團體，後據說被他的政敵所殺。一些哲學史家認為，畢達哥拉斯主義是奧爾弗斯神祕教內部的一種改良運動，它代表著與愛奧尼亞的自然哲學相對立的神祕主義傾向。畢達哥拉斯本人就是一個令人費解的神祕人物，他既是一位偉大的數學家，也是一個神祕主義宗教團體的創始人，並且被這個團體當作介乎人與神之間的半神來加以崇拜。在早期人類看來，凡是超出感官所能把握的東西之上的都帶有某種神祕意味，如「數」就是這種東西。所以在畢達哥拉斯所建立的團體中既傳授數學、音樂等方面的知識，又有著許多奇怪的忌禁，例如禁食豆子、不許用刀子撥火、不許坐在門斗上等等。畢達哥拉斯在科學上卓有建樹，他是「畢達哥拉斯定理」的發明者，第一次提出了「心靈和表像是在腦子裡面」的觀點 (在此之前人們都認為心靈是在心臟裡)，創立了宇宙中心火 (地動說) 的理論，並且在諧音學方面也頗有造詣。另一方面，他也在奧爾弗斯宗教的基礎上提出了靈魂不死和輪迴轉世的思想，據說他有一次阻止人們去打一條狗，因為他從這條狗的叫聲中聽到了他的一位逝去的朋友的聲音。

　　畢達哥拉斯學派提出萬物的本原是「數」。在他們看來,「無定形的東西」不論是什麼,都不配作萬物的本原,因為它們連自己都沒有定形,如何能給萬物定形呢?所以萬物的本原應當是有定形的東西,而萬物共同的有定形的東西就是「數」。他們發現一切事物都包含著數量關係,數與萬物之間的聯繫遠遠超過了水、火、土、氣等任何一種元素與萬物之間的聯繫。這種「數本原說」的思想產生於畢達哥拉斯學派對於數學與諧音學的研究,他們根據諧音的音程取決於琴絃的長度這一原理,進而認為一切事物的性質都是由它們包含的數所決定的。根據這種聯繫,數不僅可以用來解釋具體事物,而且可以用來解釋抽象事物,因此他們把數說成萬物的本原是對米利都學派理論的一種深化。數作為萬物的本原,已經超越了米利都學派的感性物質意義上的開端,而具有了抽象原則的含義了。亞里斯多德認為,畢達哥拉斯學派「不從感覺對象中引匯出始基。……他們所提出的始基和原因是用來引導他們達到一種更高級的實在的。」這就在認 識論上開創了一條理性主義的思路。不過,在畢達哥拉斯學派那裡,數雖然具有了最初的抽象意義,但是它卻並未完全脫離形體,而是首先要用來構成形體的。在他們看來,數是構成事物實體的物理質點或基本元素。作為一切數之根本的「1」是第一本原,而「1」表現為點,由「1」衍生出其他的數乃至萬物的過程則被表述為:點 (1) 產生線 (2),線 (2) 產生面 (3),面 (3) 產生體 (4),體 (4) 構成水、火、土、氣等四種元素,這四種元素則以不同的方式相互結合和轉化,從而產生出世界的萬事萬物。

　　正因為萬物都是由數構成的,所以數是決定事物性質的比例關係或抽象原則。而最基本的原則就是從奇數與偶數的對立中引申出來的十對基本的對立範疇,即有定形與無定形 (有限與無限)、奇數與偶數、一

與多、右與左、陽與陰、靜與動、直與曲、明與暗、善與惡、正方與長方，每一對範疇的前一項都優於後一項。他們用這些對立範疇來說明事物的性質和價值。此外，畢達哥拉斯學派還用自然數來像徵無形事物。例如，「1」代表靈魂或理智（因為它是最基本的數），「2」表示意見（因為它是搖擺不定的），「4」和「9」是正義（因為它們分別是第一個偶數「2」的平方和第一個奇數「3」的平方），「5」是婚姻（因為它是第一個偶數與第一個奇數之和），「8」是愛情與友誼（因為八度音是諧音），「10」則是完滿與和諧（因為它是 1、2、3、4 之和）。畢達哥拉斯學派常常用這種神祕的象徵方式來解釋事物的性質，認為具體事物是對數的「摹仿」，因此要求具體的存在物必須與數相符合。例如，他們認為天體的數目應該是 10（完滿與和諧），因此他們就在觀察到的九個天體之外又杜撰出一個想像的天體──「對地」，以滿足和諧的需要。

畢達哥拉斯早年曾到埃及、巴比倫等地遊學，從那裡獲得了幾何學、天文學等方面的知識。埃及人在很早的時候就由於丈量土地和建造金字塔的需要創立了幾何學，但是埃及人的幾何學始終停留在經驗的水平，尚未從具體的幾何圖形中抽象出一般的數學定理。例如關於直角三角形的問題，埃及人已經知道如果一個三角形的邊長分別為 3、4、5，那麼該三角形必為一個直角三角形。但是將這種經驗性的觀察結果抽象為一般性的數學定理 $a^2 + b^2 = c^2$，卻是畢達哥拉斯學派的偉大功績。「畢達哥拉斯定理」的得出，意味著數學命題可以脫離幾何圖形而獨立地表示事物的比例關係，這樣就蘊含著一種把數看得比形更加具有本質意義的可能性。而伴隨著「畢達哥拉斯定理」的發明而必然出現的不可公約數危機，進一步加強了人們關於數與形相分離的觀念，從而一方面使獨立於經驗圖形的純粹數學演繹成為可能，並由此發展出抽象的形式系統

（邏輯學）；另一方面卻培養了一種形而上學的傾向，即把透過抽象思維而非感官知覺所把握到的對象（如超時空的數學定理、哲學概念或邏輯命題）當作最真實的東西，當作先於和高於具體存在物（現象）的本質，由此發展出從柏拉圖一直到黑格爾的種種「本質先於存在」和「本質決定存在」的形而上學體系。正因為如此，黑格爾對畢達哥拉斯學派大加讚揚，認為它不再把「本質」「原則」「絕對」等理解為一種物質性的東西，而是將其理解為一種思想範疇，「本質被描述成非感性的東西，於是一種與感性、與舊觀唸完全不同的東西被提升和說成本體和真實的存在」，從而「形成了實在論哲學到理智哲學的過渡」。而羅素則對畢達哥拉斯開創的形而上學源流頗有微詞，他將種種形而上學的謬誤和神祕主義的信仰都歸咎於畢達哥拉斯所開創的數學，他說道：「我相信，數學是我們信仰永恆的與嚴格的真理的主要根源，也是信仰有一個超感的可知的世界的主要根源。」「人們根據數學便設想思想是高於感官的，直覺是高於觀察的。如果感官世界與數學不符，那麼感官世界就更糟糕了⋯⋯結果所得的種種啟示就成了形而上學與知識論中許多錯誤的根源。」

畢達哥拉斯學派代表了一種與米利都學派完全不同或相反的思維傾向，除了從感性的東西上升到抽象原則之外，他們還拋開了前人推崇「無定形」的做法，透過數的確定性第一次建立起一種「有定形」的最高原則，這一原則對後世西方哲學和科學（直到近代定量化的精密自然科學）的發展產牛了巨大而深遠的影響。另一方面，畢達哥拉斯學派從奧爾弗斯宗教那裡繼承並發展了關於靈魂不死和輪迴轉世的思想，這種強調靈、肉分離甚至相互對立的思想突破了希臘人傳統的靈肉統一觀念，構成了源遠流長的西方唯靈主義的雛形。它後來透過蘇格拉底、柏拉圖和新柏拉圖主義而融入基督教中，成為基督教神學的理論砥柱。

赫拉克利特

　　赫拉克利特 (Heraclitus，鼎盛年約在前 504- 前 501) 是以弗所學派的主要代表，愛非斯是愛奧尼亞地區的一個繁榮的港口城市，赫拉克利特出身於愛非斯王族，本應是王位的繼承人，但是他卻由於熱愛哲學而隱退山林，把王位讓給了自己的弟弟。據古代文獻記載，赫拉克利特恃才傲物、目中無人，對於荷馬、海希奧德、畢達哥拉斯等著名人物均嗤之以鼻，認為他們僅有博學而無智慧。他憤世嫉俗，蔑視民眾，滿腦子菁英意識，曾公開宣稱一個最優秀的人抵得上一萬個人。他因為愛非斯人放逐了他的朋友赫爾漠多羅而說道：「愛非斯的每一個成年人最好都將自己吊死，並把城市留給尚葆其天真的少年。因為他們放逐了他們中間那個最優秀的人物赫爾謨多羅。」他遠離城邦政治，潛心於一種神祕的沉思生活，由此造成了他的哲學思想的極度晦澀。晚年的赫拉克利特過著離群索居的孤獨生活，靠吃草根樹皮為生，最終患水腫病而死。

　　愛非斯與米利都同屬於愛奧尼亞的城邦，從赫拉克利特的哲學思想中可以看到米利都學派的影響，它們也被人統稱為「愛奧尼亞學派」。此外，雖然赫拉克利特曾以輕蔑的口吻談論畢達哥拉斯，但是在他的哲學中我們同樣可以看到畢達哥拉斯學派的思想痕跡。他的哲學有兩個最重要的主題，即「火」本原和「邏各斯」。

　　火本原說赫拉克利特在留存至今的著作殘篇中明確表示：「這個世

界，對於一切存在物都是一樣的，它不是任何神所創造的，也不是任何人所創造的；它過去、現在、未來永遠是一團永恆的活火，在一定的分寸上燃燒，在一定的分寸上熄滅。」「一切轉為火，火又轉為一切。有如黃金換成貨物，貨物又換成黃金。」赫拉克利特認為，火透過濃厚化而變為氣，進一步濃厚化則依次變為水和土，這是「下降的道路」；反之，土透過稀薄化而變為水，進一步稀薄化則依次變為氣和火，這是「上升的道路」。而「上升的道路和下降的道路是同一條路」，它們表現的都是火與萬物之間的相互轉化過程。他用「生」與「死」這兩個概念來形容火、氣、水、土之間的相互轉化：「火死則氣生，氣死則水生。——土死水生，水死氣生，氣死火生；反過來也是一樣。」從這裡我們可以看到，赫拉克利特與米利都學派一樣，堅持用某種無定形之物來說明世界的產生和變化。不同的是，他把萬物的本原規定為火。

但赫拉克利特的「火本原說」的創新意義並不在於用另一個不同的東西來說明萬物及其轉化，而在於強調了這種轉化是按照「一定的分寸」進行的，亦即在不斷轉化的「無定形」原則巾加入了「有定形」的原則。火的燃燒當然是無定形的，但由於燃燒有「一定的分寸」，它又是有定形的 (如「火苗」、「火舌」)，表現為一個無定形和有定形相統一的過程，即無定形的火在燃燒中自我定形，從而實現了米利都派和畢達哥拉斯派的兩種對立哲學原則的綜合。火是變化無常的，始終處於不斷轉化的過程中 (「活火」)，但其「分寸」、「次序」、「週期」、「必然性」等卻是永恆不變的，是世界萬物所遵循的普遍法則。這種永恆不變的普遍法則又被赫拉克利特表述為「邏各斯」。

邏各斯「邏各斯」(λoγos) 一詞的原意是「話語」，也由此而帶來了規律、命運、尺度、比例和必然性的意思。「赫拉克利特說神就是永恆的

流轉著的火，命運就是那循著相反的途程創生萬物的『邏各斯』。」「赫拉克利特斷言一切都遵循命運而來，命運就是必然性。── 他宣稱命運的本質就是貫穿宇宙實體的『邏各斯』。『邏各斯』是一種以太的物體，是創生世界的種子，也是確定了周 期的尺度。」「邏各斯」概念的提出是西方哲學史上的一個裡程碑式的創舉，它對於西方形而上學的發展具有十分重要的意義，它標誌著西方哲學中語言學精神的出現，語言及其規律和結構 (邏輯) 從此成了哲學家們離不開的一個參照維度。從畢達哥拉斯的數當然也可以很自然地就過渡到赫拉克利特的邏各斯，因為事物的運動變化都具有數或量的必然規律，但赫拉克利特的邏各斯並不僅僅是量的必然性，而更主要的是一種質的必然性，這種質的必然性只有透過邏各斯 (話語) 才能表達。

因此，邏各斯在赫拉克利特那裡不僅具有客觀規律的含義，同時也具有主觀理性的含義，因為語言本身就是主客觀統一的。赫拉克利特認為：「『邏各斯』是靈魂所固有的，它自行增長。」然而，「『邏各斯』雖是人人共有的，多數人卻不加理會地生活著，好像他們有一種獨特的智慧似的。」因此，對於邏各斯的聽從就是智慧。顯然，邏各斯的客觀含義 (規律或秩序) 與主觀含義 (理性或智慧) 在赫拉克利特這裡也是統一的，所謂理性或智慧就在於對客觀規律或秩序的認識和把握。他由此對理性思維給予了極大的推崇，認為「邏各斯」是唯有思想才能把握的對象，「眼睛和耳朵對於人們乃是壞的見證」，「思想是最大的優點；智慧就在於說出真理」，表現出某種唯理主義的傾向。

這樣一來，我們就在赫拉克利特哲學中看到了兩個不可分割的原則，一個是作為萬物本原的火，另一個是作為萬物運動變化法則的邏各斯。邏各斯不是外加於火的，而是火本身固有的尺度，它規定和制約著

火與萬物之間的流變轉化，而後者又反過來顯示出邏各斯的永恆不變性。「從一切產生一，從一產生一切。」「邏各斯」是「一」，它「永恆地存在著」，「萬物都根據這個『邏各斯』而產生」，因此，「承認一切是一，那就是智慧的。」

辯證法的奠基人赫拉克利特的哲學以晦澀而著稱，他的語言充滿了高深莫測的神祕色彩，但是同時也包含著極其豐富的辯證思想。黑格爾認為，「在赫拉克利特那裡，哲學的理念第一次以它的思辨形式出現了」，而赫拉克利特的哲學之所以被人們看作是晦澀的，正是由於它包含著日常理智所無法理解的「深奧的、思辨的思想」。這些思想正是在對邏各斯的深刻內涵的挖掘中形成起來的。赫拉克利特被公認為辯證法的奠基人之一。

赫拉克利特的辯證思想表現在如下幾個方面：第一，認為一切事物均處於普遍的運動變化與相互轉化之中。「赫拉克利特在某處說，萬物流變，無物常住。他把存在著的東西比作一條河流，聲稱人不可能兩次踏入同一條河流。」「我們既踏進又不踏進同樣的河流；我們既存在又不存在。」赫拉克利特由此展現出一幅充滿了運動變化的宇宙圖景。第二，運動變化的根據是對立面的衝突。赫拉克利特明確地表示，對立的狀態或相反的性質導致了和諧，相反者才能相成。「互相排斥的東西結合在一起，不同的音調造成最美的和諧，一切都是鬥爭所產生的。」「在我們身上，生與死，醒與夢，少與老，都始終是同一的東西。後者變化了，就成為前者，前者再變化，又成為後者。」「疾病使健康舒服，壞使好舒服，餓使飽舒服，疲勞使休息舒服。」赫拉克利特把畢達哥拉斯提出的對立範疇辯證地統一起來，並把對立統一看作事物運動變化所遵循的必然規律或「邏各斯」。第三，強調事物的相對性和不同的評價標準。赫拉克

利特用一種言簡意賅的箴言方式寫道：「海水最乾淨，又最髒：魚能喝，有營養；人不能喝，有毒。」「驢愛草料，不要黃金。」「豬在汙泥中洗澡，鳥在灰土中洗澡。」「最美的猴子與人類相比也是醜的。」

當然，辯證法與詭辯之間只有一步之差，關鍵在於如何把握度。赫拉克利特關於運動變化的辯證思想如果向前推進一步，就會變成一種詭辯論。他的弟子克拉底魯就用絕對的運動來否定相對的靜止，認為「人一次也不能踏入同一條河流」。克拉底魯甚至拒絕用語言來表述事物，因為當一句話脫口而出的那一瞬間，它所表述的事物已經變得面目全非了，因此對於變動中的事物，最多隻能移動一下手指頭來加以暗示。這就偏離了赫拉克利特的意思。

伊利亞學派

— 色諾芬尼 —

色諾芬尼 (xcnophanes，鼎盛年約在西元前 540 年) 是伊利亞學派的創始人，他出身於愛奧尼亞的科羅封城，年輕時代由於反對波斯人的統治而被逐出母邦，長期在西西里島等地過著流浪生活，以吟遊為生，晚年才定居愛利亞，活了近百歲之久，著有《哀歌》、《諷刺詩》、《論自然》等詩篇，至今僅剩下少數殘篇。

色諾芬尼是第一個對神人同形同性的希臘神話進行公開批判的人，在此之前，雖然米利都學派和赫拉克利特等人也曾試圖突破神話的影響而建立獨立的自然哲學，但是在他們的哲學思想中卻或多或少地摻雜著神話的成分。如果 說吟遊詩人荷馬和海希奧德是希臘神話世界觀的重要奠基人，那麼同樣是吟遊詩人的色諾芬尼則從根本上動搖了神話世界觀。

眾所周知，神人同形同性是希臘神話的最基本的特點，色諾芬尼的批判正是針對著這一基本特點而展開的。他認為，並非神創造了人，而是人按照自己的形象創造了神，並讓神穿著人的衣服，說著人的語言。因此，不同的民族就有各自不同形態的神。「衣索比亞人說他們的神皮膚是黑的，鼻子是扁的；色雷斯人說他們的神是藍眼睛、紅頭髮的。」推

而論之，「假如牛、［馬］和獅子有手，並且能夠像人一樣用手作畫和塑像的話，它們就會各自照著自己的模樣，馬畫出和塑出馬形的神像，獅子畫出和塑出獅形的神像了。」人們不僅按照自己的模樣、而且還根據自己的性情虛構出神，因此神也像人一樣有喜怒哀樂和七情六慾，荷馬和海希奧德甚至把人類的各種醜惡行徑——偷盜、姦淫、欺詐等——也加到神的身上，這樣的神靈並不值得人們去崇拜。

色諾芬尼之所以要否定與人同形同性的多神教，是由於他在哲學上總結米利都學派的「本原」（「有一個東西，萬物產生於它，萬物又復歸於它」）、畢達哥拉斯派數學本原的「一」、赫拉克利特的「一切是一」的邏各斯，而提出了萬物的本原是「一」。唯有「一」才是「神」，神則是唯一的。這個神超越了人的特殊性和有限性，具有普遍性和絕對性的特點。他說道：「有一個唯一的神，是諸神和人類中間最偉大的；他無論在容貌上或思想上都不像凡人。」「神是全視、全知、全聞的。」神永遠在同一個地方，但是卻用他的思想支配著世間的一切事物。色諾芬尼所說的這個神不僅不具有人的形體，而且也不具有任何形體，它實際上只是一個抽象的概念，是無法用時間和空間的尺度來加以限定的。正因為如此，色諾芬尼認為這個神既不是無限的，也不是有限的，既不是靜止的，也不是運動的，神是不生不滅的。色諾芬尼第一次運用一種歸謬法來說明神不是產生出來的：「它不是產生出來的，因為產生出來的東西應當或者從同類的東西生出，或者從不同類的東西生出；可是照他說，同類的東西不能有產生同類的東西的作用，因為既有理由說這個產生那個，也有同樣的理由說這個為那個所產生：而另一方面，如果存在是從不同類的東西產生的，那它就是從不存在的東西生出；這樣也就證明了它不是產生出來的，而是永恆的。」

　　色諾芬尼的這種歸謬法儘管非常粗糙，其中的一些論證明顯地帶有牽強的色彩，但是他畢竟開創了一種邏輯論證的方式，這種論證方式在伊利亞學派的其他哲學家那裡被發展為一種具有深刻的思辨內容的「詭辯」，並經過智者派的進一步發展，最終在蘇格拉底那裡形成了希臘的辯證法。

── 巴門尼德 ──

　　巴門尼德 (Parmenides，鼎盛年約在西元前 500 年) 出身於愛利亞的豪門望族，是色諾芬尼晚年時的學生，但是真正引導他走向沉思生活的卻是一位畢達哥拉斯學派的哲學家阿美尼亞，此外他與另一位畢達哥拉斯派學者狄奧開達也是至交。巴門尼德也非常了解米利都學派的思想，有一種不太可靠的說法認為他是阿那克西曼德的學生。他曾經為母邦立過法，據說愛利亞城邦的執政者每年都要遵循巴門尼德所立的法進行公民宣誓。他還用六韻步詩體寫過一部哲學著作，在那裡他不點名地批評了赫拉克利特的觀點。在這部詩體著作的「序詩」中，巴門尼德用想像的方式描寫了他乘坐著駟馬高車，在太陽神女兒的指引下穿越了光明之門，受到了正義女神的親切接待，女神勉勵他要堅持「真理」而遠離「意見」。

　　存在與非存在色諾芬尼的不變不動、獨一無二和不生不滅的「神」被巴門尼德表述為一個純粹的哲學概念 ──「存在」(εογ，又譯作「是」、「有」等)，而與此相區別的一切處於運動流變之中的事物則被他稱為「非存在」。巴門尼德自覺地站在米利都學派和赫拉克利特的對立面上，認為哲學的首要任務就是要確立「存在」與「非存在」之間的根本區別。他說道：「信心的力量也絕不容許從非存在物中產生出任何異於

非存在物的東西來。因此正義並不放鬆它的鎖鏈，聽任存在物產生和消滅，而是牢牢地抓住存在物。關於這一點，可以判定的乃是：或者它存在，或者它不存在。」面對著這個根本性的問題，巴門尼德明確地指出了「真理之路」與「意見之路」之間的分歧：「第一條是：存在物存在，它不可能不存在。這是確信的途徑，因為它遵循真理。另一條是：存在物不存在，這個不存在必然存在。走這條路，我告訴你，是什麼都學不到的。因為不存在物你是既不能認識（這當然辦不到），也不能說出的。」

巴門尼德的這段話的意思通常被簡要地表述為：「存在物存在，非存在不存在」（或「是者是，不是者不是」）。「存在」或「存在物」（二者在此尚無分別）在巴門尼德那裡具有如下特點：第一，「存在」既不產生、也不消滅。「它沒有過去和未來，因為它整個在現在，作為完整、統一、聯繫的（連續的）東西。」巴門尼德沿用了色諾芬尼曾經用過的歸謬法，來說明「存在」既不能從「存在」中產生（因為這樣就無所謂產生），也不能從「非存在」中產生（因為「非存在」是無，無中不能生有）。第二，「存在」是「一」，它沒有部分，不可分割。「存在物也是不可分的，因為它全部都是一樣的，沒有哪個地方比另一個地方多些，妨礙它的連續，也沒有哪裡少些。因此它是整個連續的；因為存在物是與存在物連線的。」第三，「存在」是不變不動的。「存在物是不動的，被巨大的鎖鏈捆著……它是同一的，永遠在同一個地方，居留在自身之內。」第四，「存在」雖然是無始無終的，但是它卻不是無邊際的或無定形的，強大的必然性從四面八方圍繞著它。「存在物不能是無定形的，因為它沒有缺陷；如果無定形，那就正好是有缺陷的了。」巴門尼德之所以認為「存在」不能是無定形的，顯然是受了畢達哥拉斯學派的影響。因為阿那克西曼德的「無定形」是不確定的，故而是「有缺陷的」，因此畢

達哥拉斯學派的十對範疇中才把「有定形」視為優於「無定形」的。正是由於反對把「存在」理解為無定形的，所以巴門尼德認為「存在」在各方面都是鎖閉的，「好像一個滾圓的球形」，從中心到球面上每一點的距離都相等（這種相等被視為完滿）。同時他也堅決否認在這已獲定形的「存在」之外還有任何其他東西存在。這也說明巴門尼德的存在論尚未完全擺脫形體的理解而上升到概念的純粹思辨。

與米利都學派、赫拉克利特等人把流變的東西當作存在的觀點相反，巴門尼德認為只有那永恆的、唯一的和不變不動的東西才是存在，因為處於流變之中的事物沒有定形，因而是轉瞬即逝的，這種變化無常的東西不能是其所是 —— 當我們說它是什麼時，它就已經不再是什麼了（克拉底魯已經表明；我們連一次也不能踏進同一條河流），因而這些東西只能是「非存在」。只有那個始終如一地是其所是的東西，才是真正的「存在」。

真理與意見巴門尼德的「存在」（或「存在物」）抽掉了一切感性特徵和數量規定，是對事物進行了各種抽象之後僅剩下來的最基本的規定或表述。這種規定所表述的東西是超越時空的，因此是不變不動、獨一無二和不生不滅的，它是透過邏各斯這條「道路」所通達的。正因為如此，巴門尼德才強調「存在物」只能存在於思想和語言中，「能夠被表述、被思想的必定是存在」，「思想只能是關於存在的思想，因為你找不到一個沒有它所表述的存在的思想」，所以「思維與存在是同一的」。而那些作為感官對象的、處於生滅流變過程是的具體事物（包括水、火、土、氣等）正因為無法用語言確切地表述出來、固定下來，因而都只不過是「非存在」罷了。在巴門尼德看來，米利都學派由於把變化無常的「非存在」（水、氣等）當作萬物的本原，主張「非存在」存在，所以是

虛妄的「意見」；赫拉克利特認為「存在和非存在既相同又不相同」，所以同樣也是荒謬的「意見」。只有堅持「存在物」存在，「非存在」不存在，才是唯一的「真理之路」。

巴門尼德的這種觀點無疑構成了西方形而上學的基石，在以後的西方哲學中，關於「存在」的學問就被稱為本體論 (Ontology，其中 On 即「存在」)。另一方面，巴門尼德透過邏各斯首次建立起思維與存在的同一性也開了西方認識論從語言中尋求線索這一做法的先河。由於「存在」作為系詞 (「是」) 是任何語言表述 (每一句話) 中的確定性的展現，這才使思維有了自己確定的對象，感官感覺則由於不確定的流變而處於「非存在」之中，無法用思維來確定。因此依據抽象思維而得到的是「真理」，依據感官知覺得到的則是「意見」，這樣就確立了一條輕視感官和知覺、強調理性思維的唯理主義認識路線。

巴門尼德雖然在「真理」與「意見」之間做出了涇渭分明的區分，但是他仍然認為對於「意見」的研究有助於加強對「真理」的認識。「意見雖然不含真理，你仍然要加以體驗，因為必須透過全面的徹底研究，才能制服那種虛幻之見。」這種「知己知彼」的態度使巴門尼德在他著作的後半部分裡對自然哲學的研究對象 —— 自然世界 —— 進行了考察。他認為構成宇宙萬物的是一對最基本的矛盾 —— 光明與黑暗，二者充滿於每一個事物之中，相互對立且彼此相等。有時候他又將這一對基本矛盾說成是火與土，或者熱與冷，前者是「以太的火焰」，後者是「無光的黑暗」，宇宙就是由火構成的光明圓環和土構成的黑暗圓環所組成。他描繪的宇宙圖形是一個圓形模型，最外層是輕柔的以太，往裡是鑲嵌著日月星辰的光明之環，再往裡是光明與黑暗的混合地帶，充滿了大氣和水，最裡層則是黑暗之環，即地球 (土)。

　　巴門尼德的存在論與他的宇宙論是相互對立的，亞里斯多德評論道：「他被迫著追隨現象，於是就主張在原理上它是一，在感覺主義上它是多。此外他還設定兩種原因、兩個本原，即熱和冷，或者說火和土。在這兩者之中他又把熱列入存在，把另一個列入非存在。」巴門尼德儘管把關於後者的知識稱為「意見」但是他還是不得不面對現實世界，借用米利都學派和赫拉克利特的自然哲學對自然現象做出說明。對於存在論和宇宙論之間的矛盾，他採取了一種簡單的方式：把二者作為「真理」和「意見」截然對立起來。在這裡可以看到他與赫拉克利特的根本分歧。

─ 芝諾 ─

　　芝諾 (Zenon，鼎盛年約在西元前 468 年) 是巴門尼德最喜愛的學生，他身材偉岸，氣宇軒昂，性情孤傲，自視甚高。但是與赫拉克利特不同，芝諾並沒有遠離凡塵去過一種離群索居的生活，而是積極參與城邦的政治鬥爭，因反對僭主的統治而被捕入獄，由於拒絕招供同夥被僭主投入臼裡用杵搗死。

　　巴門尼德的哲學思想在當時的希臘無疑具有「陽春白雪」的格調，這種將思維的抽象物當作真實的「存在」，而將感性的具體事物當作虛妄的「非存在」的觀點，對於注重感性生活的希臘人來說是很難理解的。在這種情況下，作為巴門尼德的得意門生，芝諾所要進行的工作就是運用邏輯論證的方式來說明感性知覺的結論是虛假的，從而將思想的對象確立為唯一真實的東西。

　　芝諾本人在哲學思想上並沒有什麼新建樹，但是他卻運用色諾芬尼開創的歸謬方法，系統地論證了其師的基本觀點。巴門尼德的「存在」的基本特點是不變不動和獨一無二，這是隻有靠抽象的思維才能把握住

的特點；芝諾則要用歸謬法來說明，作為感官對象的運動和多在理論上是自相矛盾的，從而來反證巴門尼德的觀點。芝諾的論證包括兩個方面，一是對運動的否定，二是對多的否定。

否定運動的論證在否定運動這一方面，芝諾的論證有「二分法」、「阿基里斯追不上烏龜」、「飛箭不動」和「運動場」等。「二分法」的論證是：運動的事物要達到目的必須先走完全程的 1/2，而要達到 1/2 則又須先完成 1/2 的 1/2，如此分下去，以至無窮，因此永遠也不可能達到目的。「阿基里斯追不上烏龜」的論證是：阿基里斯 (又譯「阿基里斯」，希臘傳說中最勇猛的英雄，人稱「捷足的阿基里斯」) 要想追上烏龜，必須首先到達烏龜出發的地點，而在這一段時間裡 (無論多麼短)，烏龜已經向前爬了一段距離，於是阿基里斯又先要趕上這一段路，而此時烏龜又往前爬了一點……如此推論，阿基里斯只能無限地接近烏龜，卻永遠也追不上烏龜。「飛箭不動」的論證是：飛箭在一定的時間裡要經過許多點，而在這段時間的每一個瞬間，飛箭都必然處於某一點上，因此是靜止的，飛箭既然在每一點上都是靜止的，那麼所有靜止的點集合起來仍然是靜止，故日飛箭不動。「運動場」的悖論又叫做「一半的時間可以等於一倍的時間」，芝諾讓兩列運動的物體 (B、C) 以相同的速度相對於一列靜止的物體 (A) 作相向運動，在一段相同的時間中，B 越過 C 的長度是它越過 A 的長度的一倍，由此推論出 B 越過 C 的時間要比它越過 A 的時間要長一倍，然而它實際所用的卻是同一段時間，由此得出「一半的時間等於一倍的時間」這一悖論。

A‧‧‧‧A‧‧‧‧

B‧‧‧‧ → B‧‧‧‧

C ← ‧‧‧‧C‧‧‧‧

否定多的論證在否定多這一方面，芝諾提出了「大小的論證」、「數的論證」、「地點的論證」、「穀粒的論證」等，這些論證無非是要說明，如果存在物是多，則必然導致自相矛盾。例如，關於「大小的論證」大意如下：

假定存在物為多，則存在物或者是 (A) 由無限多的部分構成，或者是 (B) 由 有限多的部分構成。

(A) 如果存在物是由無限多的部分構成，那麼構成它的部分或者是 (A1) 有體積的，或者是 (A2) 沒有體積的。

(A1) 如果每個部分都有體積，那麼無限多的部分的體積之和就會是無限大，這顯然是不可能的。

(A2) 如果每個部分都沒有體積，那麼無限多的部分之和就會是零，這顯然也是不可能的。

因此，存在物不町能由無限多的部分構成 (對 A 命題的否定)。

(B) 如果存在物是由有限多的部分構成，那麼構成它的部分或者是 (B1) 連續的，或者是 (B2) 間斷的。

(B1) 如果部分是連續的，那麼在每兩個部分之間就必定會有一箇仲介部分，而仲介部分和那兩個部分之間又會有仲介部分，如此推論，則仲介部分的數目將會是無限多，這與「存在物是由有限多的部分構成」這一前提是相矛盾的。

(B2) 如果部分是間斷的，那麼每一部分又可以進一步分割為更小的間斷部分，如此分割，以至無窮，因此同樣是與前提相矛盾的。

因此，存在物也不可能由有限多的部分構成 (對 B 命題的否定)。

存在物既不能由無限多的部分、也不能由有限多的部分構成，因此，存在物不可能是多，而只能是一。

相對於「大小的論證」,「穀粒的論證」要簡單明瞭得多:一斗穀粒灑落在地會發出響聲,而一粒穀粒掉在地上卻悄無聲息。一斗穀粒是由一粒粒的穀粒集合而成,如果每一粒穀粒都落地無聲,那麼一斗穀粒何以會發出聲響呢?由此可見,事物是由多組成的乃是一種假象。

在芝諾的上述論證中,有一些明顯是出於對事物的錯誤觀察和理解(如「運動場」、「穀粒的論證」等);另一些從表面上看似乎是荒誕不經的,但是卻包含著非常深刻的思辨內容。例如,「二分法」和「阿基里斯追不上烏龜」涉及空間和時間的無限可分性問題,「飛箭不動」涉及運動與靜止的關係問題,而「大小的論證」更是廣泛地涉及無限與有限、連續性與間斷性等重要的哲學問題。因此,對於芝諾的這些論證,不能簡單地斥之為無聊的詭辯,而應該從這些帶有詭辯色彩的論證中發掘出深刻的辯證成分。亞里斯多德把芝諾稱為辯證法的創始人,是有著充分根據的。

當然,芝諾的所有論證都是出於一個目的,那就是運用歸謬法來反證「存在」是不變不動的和獨一無二。這些論證的實質在於,用邏輯推理來否定經驗觀察,用理性證明來否定感官知覺,並且在此基礎上確立起一個基本信念,即 「眼見為虛,思想為實」,從而奠定了西方哲學把思想的對象看得比感覺的對象更加真實可靠的傳統。

― 麥里梭 ―

麥里梭 (Melissus,鼎盛年約在西元前 441 年) 是巴門尼德的一位更為年輕的學生,他與芝諾一樣,對老師的存在論進行了邏輯論證。同時,麥里梭也對巴門尼德的某些觀點進行了修改,尤其是把「存在」的空間特性從有限 (有定形) 改變為無限 (無定形)。麥里梭像巴門尼德一

樣認為，「存在」不是生成的，而是永恆的；然而，「正如它永遠存在一樣，它在大小方面也永遠應當是無窮的。」因為只有無限的東西才是不受其他事物限制的，否則它就會成為二或者多了。

　　麥里梭也不像芝諾那樣斷然否認感性事物的運動與眾多，而是認為感性事物的運動與眾多並不會影響「存在」本身的不動不變和自身同一。「因為其他事物在感覺上全部表現為眾多。但這並未毀掉這個道理，即存在物生成，存在不是眾多，而是既永恆又無限又在一切方面相類同的一。」麥里梭似乎並沒有把運動和眾多的感性事物當作不存在的，而只是把它們當作不真實的存在，他認為只有「虛空」才是不存在的，「因為虛空就是無有，無有的東西是不存在的。」此外，麥里梭還提出了存在是充實的、虛空是空虛的觀點，他在論證存在是不動的時說道：「如果它（存在）不是空虛的，它就應該是充實的。如果它是充實的，它就是不動的。」「單一的存在是不運動的。因為不進入或達到某物就不可能運動。而它必然不是進入充實就是進入虛空。兩者之中充實不可能再接納，而虛空根本就不存在。」麥里梭由此表明了某種向後來的結構自然觀轉變的契機。

智者派

　　伊利亞學派的一個重大貢獻就在於，開創了一種對哲學觀點的論辯風氣。這種論辯風氣把思想的形式當作一種重要的東西突出出來，從而使得任何一種哲學觀點如果不能經受得住有效的形式論辯，就不具有真理性。在芝諾和麥里梭等人那裡，我們可以看到思想的形式甚至成為了主要的方面，而思想的內容反倒降居其次了。這種論辯風氣對於當時的希臘哲學產生了重要的影響，在隨即出現的智者派和蘇格拉底等人的哲學中，這種論辯之風愈演愈烈，最終形成了古希臘意義上的辯證法。

　　希波戰爭以後，雅典成為希臘文化的中心，它所實行的民主制度也成為各城邦傚法的楷模。民主制使得每一個公民都可以積極地參與政治生活，鼓勵人們為自身利益和城邦繁榮而充分展現自己的才智。在這種情況下，掌握論辯技巧、學習社會政治方面的有關知識，以便在公共生活和法律訴訟等方面立於不敗之地，便成為一件時髦的事情。於是在希臘社會中，就出現了一批專門以教授「智慧」為生的人，他們向人們傳授論辯術、修辭學等方面的技巧，並收取一定的費用。這些人被時人稱為「智者」。智者派嚴格地說來並非一個統一的學術派別，智者們彼此在哲學思想、政治態度等方面存在著很大的分歧，但是他們都擅長於邏輯推理和語言技巧，思維敏捷，能言善辯，其思想中不乏真知灼見，同時也充斥著惑人耳目的詭辯。柏拉圖筆下的蘇格拉底曾經輕蔑地稱其為

「批發或者零售靈魂的糧食的人」；亞里斯多德也說道：「智者的技術就是毫無實在內容的似是而非的智慧，智者就是靠一種似是而非的智慧賺錢的人。」然而羅素卻認為，柏拉圖等人之所以要攻擊智者，只是因為他們的智慧超群。由於蘇格拉底、柏拉圖、亞里斯多德等人的貶抑，「智者」(sophist) 一詞就被等同於「詭辯家」，後來的哲學家們則更願意自稱或被人稱為「愛智者」(philosopher)。

在這裡，我們只介紹兩位具有代表性的「智者」普羅達哥拉斯和高爾吉亞的哲學思想。

― 普羅達哥拉斯 ―

普羅達哥拉斯 (Protagoras，約前 490- 前 421) 出身於色雷斯地區的阿布德拉城，是第一個自稱「智者」的人，而且也是第一個採用所謂「蘇格拉底式的討論方法」的人。他從壯年時就開始在希臘各城邦收費講學，曾兩次到過雅典，並且為圖里翁城邦制定過法律。在第二次訪問雅典時，他曾與年輕的蘇格拉底有過一次思想上的交鋒，據柏拉圖在《普羅達哥拉斯篇》中記載，普羅達哥拉斯聲稱他的職業就是向人們傳授「私人事務以及公共事務中的智慧」。

古羅馬思想家西塞羅曾認為蘇格拉底第一次把哲學「從天上拉回了人間」，他的意思是說，在蘇格拉底那裡哲學開始將眼光從自然界轉向了人的道德世界。然而，實際上普羅達哥拉斯在蘇格拉底之前就這樣做了。普羅達哥拉斯將注意力集中於城邦生活的智慧，而對古希臘先賢們所討論的自然哲學和神學宇宙論缺乏興趣。如果說希臘早期的學派 ── 無論它們彼此之間的觀點是如何對立 ── 都把世界本原問題當作關注的焦點，那麼普羅達哥拉斯則是古希臘第一個撇開世界本原問題的哲學家。

　　人是萬物的尺度普羅達哥拉斯的一個著名觀點是：「人是萬物的尺度，是存在的事物存在的尺度，也是不存在的事物不存在的尺度。」尺度、邏各斯只存在於人那裡，人完全可以憑藉自己的邏各斯去描述和衡量萬物的存在和非存在。因此，「事物對於你就是它向你呈現的樣子，對於我就是它向我呈現的樣子。」他以颶風為例，颶風的時候有人感覺冷，有人卻感覺不冷，因此不能說風本身是冷的，而只能說風對於感覺冷的人來說是冷的，對於感覺不冷的人則是不冷的。這樣一來，事物也就無所謂客觀規定性可言，更不存在什麼永恆不變的本原，一切均依每個人的立場為轉移。

　　普羅達哥拉斯的這種相對主義明顯是針對著伊利亞學派的絕對存在的。伊利亞學派用抽象的「神」或「存在」來否定現象世界（「非存在」），這「神」或「存在」是客觀的、絕對的，它從根本上是超越感覺的，因此絕不會由於個人感覺的差異而變化。然而在普羅達哥拉斯看來，這種絕對的存在本身就是一種無法證實的思想虛構物，每個人在自己的變化不定的感覺中發現，他自己才是事物存在的唯一尺度。普羅達哥拉斯明確地說：「至於神，我既不知道他們是否存在，也不知道他們像什麼東西。有許多東西是我們認識不了的；問題是晦澀的，人生是短促的。」後人認為他是古希臘第一個無神論者或神學上的懷疑論者。

　　「人是萬物的尺度」無疑是對希臘作為「一」和「尺度」的「邏各斯」的解構。赫拉克利特曾說「不要聽我的話，而要聽從邏各斯，承認一切是一才是智慧的」；伊利亞學派也主張存在是一；普羅達哥拉斯則反其道而行之，強調每個人的「多」。但普羅達哥拉斯並沒有拋棄邏各斯，而是把邏各斯「打碎」成了每個人內心的主觀原則，使神聖的「一」變成了世俗的「多」。但邏各斯在每個人心中仍然是「一」，他把邏各斯變

成了一種個人運用來自圓其說的辯論（詭辯）技巧，並且為了清晰地表達意思，他不再依靠神諭，而是首次區分了動詞的時態和名詞的陽、中、陰三性，劃分了句子的陳述式、疑問式、命令式、祈使式等等，還糾正了語法中的種種錯誤，成為希臘語法的奠基人。他是古希臘第一個收費講授修辭學、雄辯術的教師。可見他雖然強調人的感覺的相對性，但並不是一個感覺論者，而只是以感覺的相對性為例來證明人的判斷或邏各斯的相對性。所以亞里斯多德把他的「人是萬物的尺度」理解為：「實際上是說正在認識或正在感知的人，因為他們有各自的知識或感覺，所以說知識和感覺是對象的尺度。」這是比較全面的看法。

理論的相對性普羅達哥拉斯的相對主義有一條基本原則，即「一切理論都有其對立的說法」，這條原則在實踐上源於智者們進行論辯的需要，而在理論上則開創了一種主觀辯證法，即把赫拉克利特所發現的客觀世界的對立引入到思想中，使之尖銳化而成為矛盾。他將矛盾僅僅看作是主觀方面的分歧，認為這些分歧只要言之成理，就都是可以成立的，從而導致了一種「一切皆真」的相對主義。為此他甚至不惜使自己陷入自相矛盾的境地。如據說他收徒有一條規則：學生學成後打第一場官司如果贏了，才收學費；但有位學生所打的第一場官司正是控告他非法收費。其實「一切理論都有其對立的說法」這條原則本身就是自相矛盾的，因為該原則自身也是屬於「一切理論」之列。所以柏拉圖在評論這一原則時說道：「它總是一個令人奇怪的學說，既摧毀其自身又摧毀了其他理論。」普羅達哥拉斯的這種做法雖然導致悖論的出現，而且往往流入詭辯，但也常常有力地揭露了理論中的矛盾，而包含有辯證法的因素。古希臘的辯證法正是一種詰難對方理論矛盾的論辯方法。同時，也由於這種相對主義極大地高揚了個人主張的至上地位，普羅達哥拉斯

在社會政治和道德觀上突破了神創論，不承認 既定的社會秩序「天然合理」，而認為這些秩序只是一些個人「從俗約定」的結果。他由此成為了西方社會契約論的先驅者。

高爾吉亞

高爾吉亞 (Corsias，約前 485- 前 380) 出身於西西裡的雷昂底恩，據說曾經師從芝諾和恩培多克勒，擅長於論辯。他曾遊歷四方，在雅典教授過雄辯術，希臘著名的演說家伊索克拉底和犬儒學派的創始人安提西尼都是他的學生。高爾吉亞著有《論自然或非存在》等書，活了一百多歲才無疾而終。

高爾吉亞與普羅達哥拉斯一樣把矛頭對準了伊利亞學派，但是他們兩人的方法卻是不盡相同的。普羅達哥拉斯用主觀判斷的多樣性來否定伊利亞學派透過邏輯論證建立起來的唯一性，高爾吉亞則嚴格堅持伊利亞學派的邏輯論證方法，但是卻「以子之矛，攻子之盾」，更專注於從理論上證偽伊利亞學派的基本命題。普羅達哥拉斯的相對主義承認一切主觀感受都是真的，高爾吉亞的懷疑主義則力圖證明，一切客觀對象都是假的，進而我們對客觀對象的認識也是假的，再進而我們對這種認識的表述仍然是假的。他用了三個命題來表達這三層意思：「第一個是：無物存在；第二個是：如果有某物存在，這個東西也是人無法認識的；第三個是：即令這個東西可以被認識，也無法把它說出來告訴別人。」高爾吉亞的這三個命題顯然是分別針對伊利亞學派的「存在物存在」、「思維與存在是同一的」以及「存在與思維的同一能被表述」這三個命題的。

「無物存在」如同伊利亞學派一樣，高爾吉亞主要是運用歸謬法來證明命題的，即透過揭露反命題的荒謬性來證明命題本身。對於第一個命

題「無物存在」，高爾吉亞首先設定了其反命題「有物存在」。如果有物存在，則該存在物或者是 (A) 非存在，或者是 (B) 存在，或者是 (C) 既存在又非存在。

(A) 非存在物存在 —— 這是自相矛盾的，因為非存在就是無，說非存在物存在就是說它同時既存在又不存在；此外，如果非存在物存在，那麼存在物就不存在了（因為非存在和存在是相反的），這也是不可能的。因此 (A) 不能成立（這裡借用了伊利亞學派的證明）。

(B) 存在物存在 —— 這也是不可能的，因為如果存在物存在，則或者 (B1) 存在物是永恆的，或者 (B2) 存在物是生成的，或者 (B3) 存在物既是永恆的又是生成的。此外，或者 (B′1) 存在物是一，或者 (B′2) 存在物是多。

(B1) 存在物是永恆的 —— 永恆的也就是無限的（麥里梭已經證明了這一點），那麼這無限的存在物存在於什麼地方呢？它不能小於它所在的地方，因為這樣它就不是無限的了；它也不能等於它所在的地方，因為這樣它就既是地方又是物體，這顯然是矛盾的；它也不能大於它所在的地方，因為這樣它就沒有地方可以存在了。因此存在物不能是無限的，從而也就不能是永恆的。

(B2) 存在物是生成的 —— 如果存在物是生成的，那麼它是從哪裡產生的呢？它不能從存在物中產生，因為存在物既然已經存在了，就不是產生；它也不能從非存在中產生，因為非存在是無，無中不能生有。因此存在物也不能是生成的（這一點色諾芬尼和巴門尼德都曾經證明過）。

(B3) 存在物既是永恆的又是生成的 —— 永恆與生成是一對相互否定的概念，因此該命題是荒謬的。

(B′1) 存在物是一 —— 若如此，則它或是可分割的，或是連續的，

或是可度量的，或是物體；所有這四種情況都導致一能夠被分割為多，而不再是一，所以存在物不可能是一。

(B'2) 存在物是多 —— 多是一的和，既然存在物不可能是一，那麼它也不可能是一的和。所以存在物不可能是多。

(B1)、(B2)、(B3) 及 (B'1)、(B'2) 均被證偽，因此 (B) 不能成立。

(C) 既存在又非存在之物存在 —— 如果既存在又非存在之物都存在，那麼存在和非存在就被等同了，這將導致說存在物存在就是說它非存在，而這是荒謬的。所以既存在又非存在之物並不存在。因此 (c) 也不能成立。

既然 (A)、(B) 和 (C) 都不能成立，因此「有物存在」這一反命題也就不能成立，由此證明了「無物存在」。

「即使有物存在，也無法認識」高爾吉亞前一命題的結論是這樣說的：「既然沒有存在，也沒有非存在，又沒有既存在又非存在，而且沒有別的選擇可供思考，那麼顯然是無物存在。」這就為本命題的證明提供了前提，即：我已經窮盡了一切可能性，都沒有可能思考任何東西的存在，這本身已說明一切思維都無法認識存在；而這反過來就說明，即使有物存在也不是思維所能認識的。所以高爾吉亞在本命題的論證中一開始就說：「如果所想的東西是不存在的，那麼存在就不能被設想」，並說「這是一個健全的、前後一致的推論」。但所想的東西作為已經在思想中出現的東西是否指向某種存在呢？對此他仍然運用歸謬法從兩個方面來證明：第一，「如果我們所思想的東西真實存在，凡是我們所想的東西便都存在了」，但是我們可以想像一個人在天上飛或者一輛車在海上行馳，而顯然這些事情並不存在。第二，「如果我們所想的東西真實存在，不存在的東西就思想不到了」，但是六頭十二足的女妖和吐火怪獸這些並不存

在的東西卻可以被思想。因此，伊利亞學派的「思維與存在是同一的」這一命題不能成立，由此證明了「如果有某物存在，這個東西也是人無法認識的」。

「即使認識了，也無法告訴別人」對於第三個命題，高爾吉亞認為：「我們告訴別人時用的訊號是語言，而語言並不是給予的東西和存在的東西；所以我們告訴別人的並不是存在的東西，而是語言，語言是異於給予的東西的。」例如，我們看到的是某種顏色，但是我們告訴別人的卻是關於這種顏色的語言，感覺與語詞這二者是完全不同的東西，絕不能互相指代。因此，即使我們對某物有了認識，也不能告訴別人。

高爾吉亞的懷疑主義也僅限於一種形式論證，他採用了「以其人之道還治其人之身」的做法，像其師芝諾那樣完全無視感性的現實事物，純粹從邏輯上對伊利亞學派的觀點進行了反駁。高爾吉亞的這三個命題關注的是思想的形式而非內容。正如伊利亞學派的獨斷主義一樣，在現實生活中高爾吉亞或許並不懷疑客觀世界的存在，也不會懷疑對存在物的認識和表達，但是他卻像芝諾等人一樣堅信，理性比經驗更可靠，抽象的邏輯推理比任何具體的感官知覺都要更加有力得多。

智者派的觀點雖然很快就被同時代的自然哲學家（恩培多克勒、阿那克薩哥拉、德謨克利特等）和形而上學思想家（蘇格拉底、柏拉圖等）所否定，但是他們的論證方式導致了古希臘辯證法的最終確立，他們的思想觀點則對希臘化時期的懷疑主義學派產生了重要的影響。甚至在整個西方哲學史上，由智者派所開創的懷疑主義都始終是對形形色色的獨斷論哲學的致命威脅。

原子論者及其先驅

─ 恩培多克勒 ─

　　恩培多克勒 (Empedocles，約前 492- 前 432) 是西西里島南部的阿克拉伽人，據說他是畢達哥拉斯的學生，這種說法不太可信，因為畢達哥拉斯去世時他還未出身，但是他關於水、火、土、氣按照不同比例構成萬物的思想顯然是受了畢達哥拉斯學派的影響。此外，他對巴門尼德也非常敬佩，像後者一樣用詩歌形式來發表思想，但是他顯然只是對巴門尼德的宇宙論而不是存在論感興趣。恩培多克勒是一位知識淵博的人，不僅在天文、氣象、生物等方面卓有建樹，而且精通醫學，據說他曾經使一位瀕危的婦女起死回生，被人視為神。他也是阿克拉伽新建立的民主政權的重要領導人，晚年由於遭政敵的陷害而被迫流亡，不知所終。對他的死有種種神祕的猜測，有人說他跳進埃特納火山口，有人說他昇天而去，也有人說他死於車禍。

　　四根說恩培多克勒在綜合早期自然哲學的基礎上提出了著名的「四根說」，第一次明確地把本原理解為構成事物的基本元素，即認為世界的本原有四種 —— 水、火、土、氣。這四種元素每一種都是永恆不變的有定形的「一」，不能互相轉化；但它們結合和分離則產生變化和「多」，它們「在時間的流轉中輪流占據上風」，但總量不變，只是按照不同的比

例構成世間萬物。例如，肌肉是由等量的四種元素混合而成，神經是由一份火、一份土和兩份水構成，骨骼則是由兩份水、兩份土和四份火構成。人的聰明與否也與元素的混合情況有關，凡是各種元素混合均等且間隔適當的，就是聰明的人，反之則是愚蠢的人。這就較好地解決了一和多、永恆和生成的關係問題，由一構成的多被看作了自然界的結構方式。他說道：「任何變滅的東西都沒有真正的產生，在毀滅性的死亡中也並沒有終止。有的只是混合以及混合物的交換：產生只是人們給這些現象所起的一般名稱。」「當各種元素混合在人身上出現時，或者混合在野獸、植物或鳥類身上時，人們便說是產生了。當各種元素彼此分離時，人們便又說有了不吉的死亡了。」

愛與恨恩培多克勒在哲學上的第二個重要貢獻在於，他第一次在作為原素的本原（四根）之外，又提出了兩個獨立的作為動力的本原——愛與恨，認為正是這兩個東西造成了四根的聚散和萬物的生滅——愛的力量使四根組合而生成萬物，恨的力量則使四根分解而毀滅萬物，兩種力量在事物的運動變化中交替占上風。「愛」與「恨」在希臘文中的原意分別是「友好」和「爭吵」，恩培多克勒用這兩個概念來說明萬物生滅變化的動力，明顯地帶有擬人化的色彩。因此愛與恨看來像是兩種精神性的本原。然而，恩培多克勒也明確地說過「愛的長和寬是相等的」之類的話，似乎又肯定了它們的物質性。可見他雖然已把愛和恨置於四根之外作為獨立的動力因，但尚未從性質上與物質元素完全區別開來。精神和物質的區別是到阿那克薩哥拉那裡才完成的。

流射說恩培多克勒也是第一個創立了較為系統的認識論的哲學家，他在「流射說」的基礎上提出了「同類相知說」的認識理論。他認為，客觀事物發出一種流射，作用於人的感官。人的眼睛內部是一團火，周

圍包圍著土和氣，形成了薄薄的帷幕，水則在帷幕四周流動。帷幕上有一些細小的孔道，讓事物的流射可以穿過。我們的感覺之所以能夠發生，是因為我們與客觀事物之間有同樣的元素在對流，而思想則是由於我們體內的血液在對流，因為血液中包含有一切元素。「我們是以自己的土來看土，用自己的水來看水，用自己的氣來看神聖的氣，用自己的火來看毀滅性的火；更用我們的愛來看〔世界的〕愛，用我們的可厭 的恨來看它的恨。」正是由於同類元素在孔道中的相通，認識才成為可能。

　　恩培多克勒的「四根說」標誌著伊利亞學派的「一」在與自然哲學相結合的努力中已開始自行分化為多，併力圖在多中仍然保持一的特性。一和多的這種結合方式推動自然哲學從單一的本原尋求發展到了複雜的結建構構。

─ 阿那克薩哥拉 ─

　　阿那克薩哥拉 (Anaxasoras，約前 500- 前 428) 出身於小亞細亞的希臘殖民城邦克拉左美奈城，20 歲左右即來到雅典，在那裡居住了 30 年之久。他是第一個把哲學引入雅典的人，是雅典民主派領袖伯裡克利的老師和摯友，著名的悲劇家歐裡庇得斯也是他的學生。阿那克薩哥拉對學術充滿了熱忱，對於現實政治卻不聞不問，有人指責他不關心祖國，他卻指著天空回答道：「不要胡說，我對我的祖國是最關心不過的。」他曾經根據隕石現象把太陽說成是一團燃燒的物質，認為月亮上有山谷而且有人居住，因此被雅典人控告為不敬神靈，並被雅典法庭缺席判處死刑。只是由於伯裡克利的多方說項，才在交付了罰金之後被驅逐出境，在窮困潦倒中死於蘭薩庫斯城。幾十年以後，雅典的另一位偉大哲學家蘇格拉底也由於同樣的原因（不敬神靈）而被雅典法庭處死。由此可見，

即使是在以自由民主而著稱的雅典，潛心於學問也往往難免成為政治的犧牲品。

阿那克薩哥拉雖然比恩培多克勒年長幾歲，但是他從事哲學活動卻較晚一些。阿那克薩哥拉的思想淵源是米利都學派，尤其深受阿那克西美尼的影響，同時也熟知伊利亞學派的哲學觀點。他是否了解恩培多克勒的哲學，我們無法斷定，但是他們考慮的問題和得出的基本結論是比較接近的。從思想發展的內在邏輯來看，阿那克薩哥拉哲學構成了恩培多克勒哲學與德漠克利特哲學之間的必要仲介。

種子說恩培多克勒為了克服早期自然哲學用一來說明多的局限性，把唯一的存在一分為四來說明多（萬物），這一思想的進一步發展必然是把存在再細分為無限多來說明多，這就是阿那克薩哥拉的「種子說」。阿那克薩哥拉也看到了一無法說明多的困境，他既不贊同一種本原生成為萬物的觀點，也不同意幾種元素構成萬物的觀點，而認為世間千差萬別的事物各有自己的本原，這無限多的本原就是各種事物的最小微粒，他稱之為「同類的部分」，即「種子」。例如，骨頭是由骨頭的種子構成，毛髮是由毛髮的種子構成，甚至連水、火、土、氣這些一直被認為是最基本的本原或元素的東西，也同樣是由各自的種子構成的。種子的種類和數量無限多（因為世間事物是上限多的），體積無限小，性質永遠不變如一。但不同類的種子在性質上卻彼此相異，各具有「不同的性狀、顏色和氣味」。世間萬物每一個都包含有其他一切事物的種子，只不過其中某一類種子占優勢就使之成了該事物。

阿那克薩哥拉在《論自然》的殘篇裡描繪了宇宙演化的情景：宇宙最初處於一種原始混沌狀態，無數異質的種子相互混雜在一起。透過一種漩渦運動，各種不同種類的種子彼此分離開來，同類的種子開始聚集

在一起，形成了形態各異的大千世界。但是這種分離和組合只是相對
的，因為從原始混合狀態中分離出來的種子不可能是那麼純粹的，多多
少少地帶有一些其他一切種子的成分。這種「你中有我，我中有你」的
情形就可以解釋為什麼事物會發生性質的變化，如白雪融化後會變成黑
水，吃了麵包後會長出頭髮、肌肉、血液和骨骼等，都是由於其中本來
包含的某類種子增長的緣故。所以，「一物的本性被認為是它所包含的那
個最多的成分的本性。」「一切中包含著一切」，從而從事物的內部結構
上說明了宇宙萬物的統一性和多樣性。

心靈世間萬物都是或多或少地彼此包含和相互分有著的，但是使它
們如此安排和形成起來的卻是一種在宇宙之外、不與所有的事物相混雜
的動力，這就是「心靈」(nous，又譯作「努斯」)。「心靈是萬物中最稀
最純的，對每一事物具有全部的洞見和最大的力量。對於一切具有靈魂
的東西，不管大的或小的，心靈都有支配力。因此心靈也能支配整個漩
渦運動，它推動了這個運動。」心靈是獨立的、自為的和能動的，它從外
部推動宇宙，使種子從宇宙最初的混沌狀態中分離出來並組合成各種事
物，但它本身卻與這個宇宙相分離。這是西方哲學史上第一次明確地把
精神和物質區分開來，能動性和獨立性被歸到了精神的一邊，而物質則
被視為被動的東西。心靈成為安排宇宙秩序的「第一推動力」：「萬物都
在混沌中，然後有心靈出，對萬物加以安排。」以往哲學家們最關注的是
構成自然的本原元素，恩培多克勒開始關注是什麼力量使這些元素構成
自然的（愛和恨），阿那克薩哥拉則進一步使這種力量純粹化了，古希臘
源遠流長的關於物質世界的樸素的「物活論」在他這裡畫上了一個句點。

然而，把「心靈」視為萬物的終極動力的觀點立即就會導致目的論
的出現，因為既然安排宇宙秩序的東西是一種類似於人的理智或心靈的

東西，那麼這東西就一定不會是盲目地、而是自覺地來進行安排。阿那克薩哥拉實際上把宇宙的心靈看作與人的心靈是相通的，認為「努斯〔心靈〕不論大小，都是一樣的」，從而就將一種主觀目的注入了客觀世界的程序之中。黑格爾在論及阿那克薩哥拉的「心靈」時敏銳地指出：「『心靈』就是這種活動，它把一個最初的規定作為主觀的東西建立起來，卻又把這個主觀的東西變成客觀的；這樣一來，這個主觀的東西就變成了它的對方，但這個對立又再被揚棄，致使那客觀的不是別的而就是原來那個主觀的東西……這個活動就是目的，『心靈』，思維。」於是，在阿那克薩哥拉之後不久，蘇格拉底就明確地提出了目的論的思想；而柏拉圖的「善」的理念則把形式、動力和目的集於一身，最終透過新柏拉圖主義的仲介而轉化成為基督教神學中的上帝。

把恩培多克勒和阿那克薩哥拉在自然結構的處理上「化一為多、寓一於多」的做法再向前推進了一步的是原子論者。

─ 留基伯 ─

留基伯 (Leucippus，鼎盛年約在前 440- 前 430) 是一位帶有撲朔迷離色彩的人物，關於他的生平數據留存極少，我們甚至連他到底是何方人氏都不清楚。有人說他出身於愛利亞，有人說他出身於阿布德拉，還有人說他是米利都人。關於他的師承關係也不得而知，一種通常的說法認為他曾在愛利亞師從過芝諾。但是可以肯定的是，他曾在阿布德拉成為德謨克利特的老師。在古代文獻中，人們往往都把他與德謨克利特相提並論。原子論的思想據說是由留基伯首先提出來的，但是德謨克利特卻將其發揚光大了。

― 德謨克利特 ―

德謨克利特 (Democritus，約前 460- 前 370) 是阿布德拉人，與著名的智者普羅達哥拉斯是同鄉。德謨克利特從小就表現出強烈的求知慾，曾拜留基伯和阿那克薩哥拉為師，並遊歷了埃及、波斯、巴比倫、印度等地，廣泛地學習了天文學、幾何學、物理學、數學、倫理學、文學和技藝等方面的知識，成為古希臘最博學的百科全書式人物。他也曾造訪過雅典，聽說過蘇格拉底的大名，但是後者卻不認識他。當他在八十多歲的高齡遠遊歸來時，由於耗盡了祖產而被阿布德拉法律拒絕落葉歸根，於是他就在阿布德拉人面前宣讀了他撰寫的《宇宙大系統》一書，結果人們不僅同意他將來在故鄉舉行葬禮，而且為他立了一尊銅像。德謨克利特一生涉獵極廣，著述頗豐，同時代無人可以望其項背，可惜這些著作至今僅存殘篇。

原子與虛空德謨克利特認為，宇宙是由原子和虛空共同組成的。「原子」(』ατομos) 一詞在希臘語中的原意是指「不可分割」的東西，德謨克利特把它看作是構成一切事物的最後單位。原子具有如下特點：

1. 內部充實的、不可分和不可入的基本粒子，原子雖然是構成一切具體事物的最後單位，但是原子本身卻是不可感知的；

2. 數量無限，性質相同，相互之間只有形狀、次序和位置方面的差別，原子構成事物就如同字母構成單字一樣；

3. 在虛空中作直線運動，由於方向不同而相互碰撞，形成漩渦運動並構成萬物，受因果必然性決定。

4. 不生不滅的本原，萬物的產生與毀滅不過是原子的聚散。

從以上特點可以看到，德謨克利特的每個原子都具有巴門尼德的「存在」的性質，但數量卻從「一」成為了「多」。所以有人認為，德謨克利特的原子是「打碎了的巴門尼德的存在」。但是原子與「存在」的差

異不僅在於多與一，而且在於運動與靜止。這是由於德謨克利特把虛空作為「非存在」也納入了存在的範疇，他認為不但「存在」是存在的，「非存在」也是存在的，「存在比非存在並不更多存在」。對虛空的這種承認使整個宇宙都鬆動起來，使得原子有了運動的餘地，從而使得自伊利亞學派一直到恩培多克勒和阿那克薩哥拉由於否認虛空而無法解決的「運動如何可能」的問題得到了解決。

原子與運動原子與四根或種子的另一個重要區別在於原子具有能動性。德謨克利特否認原子受其他東西的支配，而主張原子本來就在運動的觀點，他把運動看作是原子的固有屬性。德謨克利特描繪了一幅原子運動的圖景：無數原子在宇宙中形成漩渦運動，重的凝結成大地，輕的被拋向外層空間。在激烈的碰撞過程中，不同形狀的原子相互結合，形成了世界上的各種事物。德謨克利特認為，靈魂也如同萬物一樣是由原子構成的，只不過構成靈魂的原子更加精細和活躍一些，它們與構成火的原子是相同的。人一死，構成靈魂的原子也就消散了，因此根本就不存在什麼「不死的靈魂」和「享有不死的本性的神」。由於否定了「心靈」自身的獨立性，德謨克利特就根本取消了用外在的精神性原因來解釋物質運動的可能性，從而在原子與虛空的基礎上確立了世界的物質統一性。他由此被視為第一個嚴格意義上的唯物主義者和無神論者。

由於否定了外在的精神動力（心靈），目的因在自然世界中也就不復存在，在德謨克利特那裡，「一切都由必然性而產生，漩渦運動既然是一切事物形成的原因，這在他就被稱為必然性。」「德謨克利特忽略了目的因，把自然界一切作用都歸之於必然性。」這種強調一切依必然性而運動的觀點固然有助於消除神學目的論，但是它卻導致了一種嚴格的機械決定論。這種機械決定論展現了一幅受著鐵一般不可伸縮的必然性制約的世界

景象，一切都是事先注定的和不可改變的。但這樣一來，這種鐵的必然性本身就成了一個最大的偶然性。所以亞里斯多德感到「很奇怪」，為什麼德謨克利特等人把具體事物歸於必然性，卻「把偶然性看成是天空和一切世界的原因。因為產生分離並建立世界上的秩序的這種漩渦運動，似乎是出於偶然的」。其實這正是必然和偶然的辯證法的展現：絕對的必然本身就是一個最大的偶然。另一方面，這種機械論最終也並沒有把運動賦予原子內部，而是歸於外來的推動，運動在諸多原子之間傳遞，或由原子天然地帶有，卻並非原子自發地產生，這就仍然懸置了運動的最終來源問題，為後人用神的「第一推動」來解釋運動的起源留下了空檔。

影像說德謨克利特在認識論上提出了一種比「流射說」更接近科學的「影像說」，他認為，每一個物體都會發出一種與自身形狀相似的影像，這種影像透過空氣的作用而在我們的眼睛裡壓下印記，從而形成感覺和思想。這是唯物主義的反映論的首次明確的表達。「留基伯、德謨克利特和伊壁鳩魯主張感覺和思想是由鑽進我們身體中的影像產生的；因為任何一個人，如果沒有影像來接觸他，是既沒有感覺也沒有思想的。」這就承認了外界事物的影像對感官的刺激是我們的一切認識得以發生的根本原因。但是另一方面，他也像赫拉克利特和巴門尼德一樣在感覺與思想、意見與真理之間做出了區分，並且表現出一種唯理主義的傾向。他認為感覺是因人而異的，它受到情感、意見等多種因素的影響，我們關於事物性質（如顏色、味道等）的感覺本來就是約定俗成的，而對於不可感知的原子和虛空，我們只有透過理性才能認識，它才構成了真正的知識。他把透過感覺獲得的知識稱為「闇昧的認識」，把透過理性獲得的知識稱為「真理性的認識」。但是他並沒有像巴門尼德那樣把二者看作是謬誤與真理的對立關係，而是認為二者只有精確程度上的差異。他明

確地說道：「有兩種形式的認識：真理性的認識和闇昧的認識。屬於後者的是視覺、聽覺、嗅覺、味覺和觸覺。但真理性的認識和這根本不同。」「當闇昧的認識在最最微小的領域內不能再看，不能再聽，不能再嗅，不能再嘗，不能再觸控，而知識的探求又要求精確時，於是真理性的認識就參加進來了，它具有一種更精緻的工具。」在德謨克利特看來，影像對感官的刺激構成了理性認識原子和虛空的必要媒介，因此缺乏了感覺的理性就是無源之水。他曾借用感官的話來批評理性：「無聊的理性，你從我們這裡取得了論證以後，又想打擊我們！你的勝利就是你的失敗。」但是他仍然明顯地表現出一種輕視感覺的傾向，他在《論規範》一書中把感覺稱作「私生的」，而把理性稱作「嫡出的」，他對認識所作的「闇昧的」與「真理性的」區分本身也表現了一種價值傾向。根據一種傳說，德謨克利特在晚年時為了不受感覺的矇騙而弄瞎了自己的眼睛。

德謨克利特在倫理學、政治學等方面也有許多建樹，他倡導順應自然，認為遵循必然性的生活才是愉快的；主張在理智的指導下過一種有節制的生活，因為享樂的過度和不足都會引起靈魂的騷亂。他反對專制而提倡民主，認為「在一種民主制度中受貧窮，也比在專制統治下享受所謂幸福好，正如自由比受奴役好一樣」。他強調人應該堅持正義和遵守法律，只有這樣才能保持內心的平靜，享受一種高尚的快樂生活。

德謨克利特的原子論是希臘自然哲學發展的高峰，它在前人思想的基礎上，較為完滿地解決了一與多、存在與非存在、本原與運動、理性與感覺等重大理論問題，使古希臘的結構自然觀達到了完備的形態。這種形態首次做到了不用任何神或精神的力量來解釋自然界，而只憑自然物質本身來解釋自然，對後世一直到現代的唯物主義哲學和自然科學研究產生了深遠的影響。

蘇格拉底與柏拉圖

─ 蘇格拉底 ─

　　蘇格拉底 (Socrates，前 469- 前 399) 是古希臘最偉大的思想家之一，也是對西方文化影響最為深遠的道德聖賢。蘇格拉底出身於雅典，父親是一個雕刻匠，母親是一個助產婆，他早年曾隨其父學手藝，據說在雅典衛城的神像中還有他的作品。伯羅奔尼撒戰爭爆發後，他曾三次從軍出征，因表現勇敢而立過戰功；他也曾一度從政，西元前 406 年還被選入五百人會議，但是他最熱愛的事情還是進行哲學思考。蘇格拉底身材矮小，頭顱碩大，面目醜陋，性格怪異，平時不修邊幅，一年四季光著腳、披著一件破舊的大氅在廣場上與人討論各種問題，或者仰面朝天進行哲學沉思，有時甚至通宵達旦。他雖然喜愛與人辯論，卻對智者派的詭辯頗為反感，尤其厭惡智者們用知識來賺錢的做法，認為這樣玷汙了智慧的清譽。為了與「智者」劃清界限，他自稱「愛智者」(即「哲學家」)，並把追求智慧當作人生鵠的。西元前 399 年，蘇格拉底被雅典民主政體判處死刑，罪狀有兩條：一是蘇格拉底敗壞青年，煽動他們反對父母；二是不敬國家所崇奉的神靈，宣傳新神。在法庭上，蘇格拉底表現出一種對死亡的超然態度，他直言不諱地承認自己畢生都聽到一個「靈異」的聲音的感召，正是這個聲音引導他孜孜不倦地探尋智慧，以

至於死而無悔。在監獄中，蘇格拉底仍然平靜地與他的朋友和弟子們討論哲學問題，闡發他對生命和死亡意義的獨特理解，並且拒絕了朋友們幫助他逃跑的建議和機會，從容赴死，成為西方歷史上為理想而殉道的典範。

蘇格拉底一生述而不作，後人關於他的思想言行，主要是透過他的兩個學生 —— 色諾芬尼 (勿與伊利亞學派的色諾芬尼相混淆) 和柏拉圖的記載而 得知的。前者側重於記錄蘇格拉底的生平事蹟，後者則更多地轉述了蘇格拉底的思想。在柏拉圖的三十多篇對話體作品中，多以蘇格拉底為對話的主角。學術界一般認為，柏拉圖早期的一些對話作品，如《申辯篇》、《克力同篇》、《斐多篇》、《普羅達哥拉斯篇》等較為真實地反映了蘇格拉底的思想，而晚期的著作則更多的是借蘇格拉底之口來表述自己的思想了。

認識你自己在柏拉圖的《申辯篇》裡，蘇格拉底講述了一個他為什麼要鍥而不捨地探尋智慧的故事：蘇格拉底的一位朋友凱勒豐曾到德爾菲神廟去問神，有誰比蘇格拉底更有智慧，傳神諭的女祭司回答說沒有。蘇格拉底感到非常困惑，因為他認為自己並沒有智慧，於是他就遍訪了許多著名的政治家、詩人和工匠，試圖發現他們比自己更有智慧。然而結果卻是令人失望的，這些人不僅沒有真正的智慧，還自作聰明，對自己的無知一無所知。蘇格拉底因此明白了神為什麼要說他是最有智慧的，因為只有他「自知其無知」。蘇格拉底由此進一步推論，真正的智慧只有神才配享，而人充其量不過是愛智慧而已。「那個神諭的用意是說，人的智慧沒有多少價值，或者根本沒有價值。看來他說的並不真是蘇格拉底，他只是用我的名字當作例子，意思大約是說：『人們哪！像蘇格拉底那樣的人，發現自己的智慧真正說來毫無價值，那就是你們中

間最智慧的了。』」正是受了這條神諭的啟發，蘇格拉底畢其一生都在堅持不懈地以一種批判的態度探尋智慧，對那些自稱有智慧的人（特別是智者）進行揭露，因此得罪了不少人。當他被推到法庭上時，他依然不改初衷，公開表示：「時至今日，我仍然遵循神的意旨，到處察訪我認為有智慧的人，無論他是本城公民還足外地人；每想到有人不聰明，我就試圖透過指出他是不聰明的來幫助神的事業，這個事業使我無暇參與政治，也沒有時間來管自己的私事。事實上，我對神的侍奉使我一貧如洗。」

與探索自然奧祕的愛奧尼亞哲學家們相反，蘇格拉底認為人只應該關心自己身邊的事情。因為自然界是神創造的，充滿了神的特殊旨意和目的，是神的智慧的對象，是人無法認識的。如果人堅持要去認識自然，這乃是一種狂妄自大的僭越，其結果不僅不能認識自然，而且也不能認識自己。蘇格拉底引用鎸刻在德爾菲神廟門前的名言來號召人們：「人啊，要認識你自己。」在他看來，哲學應該研究正義、美德、勇敢、虔敬等與人生相關的問題，而不要把眼光盯在深邃玄奧的自然界。正因為如此，西塞羅才說蘇格拉底把哲學從天上拉回了人間。從某種意義上說，蘇格拉底的「認識你自己」與普羅達哥拉斯的「人是萬物的尺度」似有異曲同工之妙，都是要人們將注意力從自然界轉向自身。但是普羅達哥拉斯把人理解為一個個孤立的特殊主體，因此「人是萬物的尺度」就導致了相對主義；蘇格拉底則把人看作是理性的思維主體，「認識你自己」正是要求人們去發現人的共同的和普遍的本質。智者派透過強調「人是萬物的尺度」而拋棄了本質，蘇格拉底則透過強調「認識你自己」而重建起本質，只不過這本質作為普遍的邏各斯（定義），主要是指精神和道德世界中的事物。所以智者派教人說話只是為了賣錢，蘇格拉底

與人論辯時則有一種道德使命感，認為自己是神派到雅典來的一隻大牛虻，為的是刺激雅典這隻行動遲緩的笨牛快步前進。

神學目的論蘇格拉底早年受自然哲學的影響，具有豐富的自然知識，但他始終不滿於自然哲學無法圓滿解決萬物運動、包括精神活動的原因問題。後聽說阿那克薩哥拉的「努斯」學說，便抱著希望讀了他的著作，結果大失所望。原來阿那克薩哥拉只是談到努斯推動和「安排」了萬物，並沒有說到它是如何安排和推動的，在具體解釋事物的運動時仍然訴之於那些偶然的自然條件。蘇格拉底則認為既是「安排」，就應當有目的，就像人的行為絕不是由他的肌肉、骨頭及周圍的空氣、聲音等等決定的，而是由他所選擇的目的決定的一樣。色諾芬尼在《回憶錄》中記載了蘇格拉底在牢獄裡與一位不信神的犯人的談話，蘇格拉底用人的器官為例，向這位犯人說明神造萬物都是有著特殊目的的。神不僅為了讓人感受事物而創造了各種器官，而且還用心良苦地將它們設計得如此精緻：「比如因為眼睛是很嬌嫩的，就用眼瞼來保護它，好像兩扇門似的，當必要用視覺時就開啟，而在睡覺時就閉上。又使睫毛長得像簾幕，免得風傷害眼睛。在眼睛上面用眉毛做一個遮簷，使頭上流下的汗不會妨礙它。使耳朵長得能接受所有各種聲音，而又從來不會被阻塞住，使所有動物的門牙都長得適宜於咬東西，而後面的臼齒則適宜於從門牙接受食物並且來咀嚼它。」這一切倘若不是出於神的精心安排，又怎麼會如此和諧？神把靈魂賦予人，使人成為比動物更優越的生靈，並把整個自然（無生命物、植物、動物）都安排成一個以人為目的的系統，人則是以認識神作為其最終目的。蘇格拉底的這些論證成為西方思想史上關於上帝存在的設計論證明的最初雛形。

正是由於懷著這種神學目的論的信念，蘇格拉底從生到死都表現

出一種強烈的神聖使命感，他宣稱自己始終都聽從一個「靈異」聲音的指引，就是這聲音驅策他去探尋智慧，鼓勵他到法庭上來為自己辯護，並且讓他義無反顧地選擇了死亡。面對著死刑判決，蘇格拉底坦然地說道：「我以為我碰上的這件事是一種福氣，而我們極為錯誤地認為死亡是一種惡。我這樣想有很好的理由，因為我做的事情若非肯定會有好結果，那麼我習慣了的靈異不會不來阻止我。」在行刑之前，蘇格拉底一直在與斐多等人談論靈魂不朽的問題，並描繪了靈魂在擺脫肉體之後與神為伴的美好景象。他說道：「哲學家的事業完全就在於使靈魂從身體中解脫和分離出來」，因此，「一個真正把一生貢獻給哲學的人在臨死前感到歡樂是很自然的，他會充滿自信地認為當今生結束以後，自己在另一個世界能發現最偉大的幸福。」蘇格拉底所信仰的神並非希臘傳統的有血有肉的奧林匹斯諸神，而是一個無形的「靈異」，非常類似於伊利亞學派的色諾芬尼所設想的那個以思想支配世界的神。此外，畢達哥拉斯關於靈魂不朽和輪迴轉世的思想也在蘇格拉底這裡發展成為一種向死而生或者以死為生的唯靈主義，如果說在前者那裡肉體還是靈魂的驛站，那麼在後者那裡肉體已經成為了靈魂的囚牢。

美德即知識在西方哲學史上，泰勒斯被稱為自然哲學之父，蘇格拉底則被認為是道德哲學的創始人。蘇格拉底號召人們把目光從自然界轉向人自身，如果說對人的身體的認識導致了神學目的論，那麼對人的心靈的認識則導致了道德哲學。心靈的內在原則就是美德（或德性），因此美德問題就成為蘇格拉底關注的主要對象。在柏拉圖的《美諾篇》等著作中，蘇格拉底對美德的一般定義進行了探討，最終得出了「美德即知識」這一結論，具體地說，即美德是關於善的概念的知識。

一般說來，知識論解決真的問題，道德論（或倫理學）解決善的問

題，蘇格拉底的「美德即知識」這一命題則把真與善統一起來。真正的知識必然是與最高的道德範疇 —— 善 —— 密切相關的。在蘇格拉底看來，任何一種具體的行為本身並不足以構成美德，因為同一種行為對於不同的人可能會具有不同的道德含義，例如欺騙朋友是一種惡行，而欺騙敵人卻是一種善行。但是善本身 (善的概念) 卻並不會因為每一種具體善行的相對性而失去它的絕對的和普遍性的意義，相反，每一種善行之所以是善行恰恰是因為它「分有」了善的概念。只有關於這種絕對的、普遍的善 (即善的概念) 的知識，才是美德。由於善本身有著不可改變的絕對內容，美德也就獲得了客觀的規定性，成為普遍的知識，而不再是個人的任意活動。

蘇格拉底把美德完全等同於知識，因此，一種行為之符合於善不在於這種行為本身，而在於對這種行為的正確認知，一個無意中做出某種善行的人稱不上美德。由於「一切善的東西都是有益的」，而惡的東西都是有害的，而人不會自己害自己，所以「尤人有意作惡」，作惡都是出於無知。於是，從「美德即知識」中又引申出「知識即美德，無知即罪惡」這一結論。這種把美德與知識完全等同起來的觀點開創了西方倫理學中的一個重要思想流派，即唯智主義倫理學。

蘇格拉底一方面強調美德是心靈的內在原則，另一方面又認為美德作為一種知識是可以透過教育而獲得的，這樣一來，在人的向善本性與後天教育之間就出現了一種矛盾。蘇格拉底在與美諾討論美德問題時曾表述過一個著名的「知識悖論」，即人既不可能學習他已知道的東西 (已經知道就不必學習了)，也不可能學習他不知道的東西 (還不知道的東西如何能去學習)。這一「悖論」恰恰表明，在蘇格拉底看來，美德是某種介乎於已知與未知之間的東西。作為人的向善本性，美德只是

潛在於人心之中，並未被自覺到，因此人對於美德既非完全的無知，亦非完全的已知，而後天的教育正是要把這潛藏在心中的內在原則揭示出來，使人充分認識到自己心靈固有的向善本性。蘇格拉底的這一思想在柏拉圖那裡被進一步發展為靈魂回憶說，從而得出了「學習即回憶」的結論。

　　歸納推理和普遍定義蘇格拉底對美德問題以及其他問題的探討是以一種對話的方式進行的，這種在問答中詰難對方，使對方陷入矛盾，從而逐漸修正意見，最終達到真理的方法被稱為「蘇格拉底式的討論方法」，也被稱為「辯證法」（dialectic 一詞在希臘文中的原意是「對話」、「論辯」）。色諾芬尼《回憶錄》中寫道：「他注意到 διαλεγεσθαι。〔辯證〕這個詞導源於人們的一種活動，就是聚在一起討論問題，按對象的種屬加以辨析〔διαλεγοντες〕。因此他認為每個人都應當下決心掌握這種藝術。」蘇格拉底在與人討論問題時，往往從對方所承認的前提出發，然後透過不斷提問，讓對方自己從這前提中引出自相矛盾的結論，再嘗試另闢蹊徑，一步一步剝離出個別事例背後掩藏著的普遍原則，歸納出關於討論對象的一般定義。他把這種透過啟發讓對方發現自己心中隱藏的真理的方法稱為「精神接生術」，並說這是從他母親那裡學來的，只不過他母親接生的是肉體，他接生的卻是事物的共相或定義。

　　在《美諾篇》裡，蘇格拉底運用這種「辯證法」來與美諾討論美德的問題。蘇格拉底首先承認自己對美德一無所知，他請教美諾：「什麼是美德？」美諾回答說，男人的美德是能幹地管理城邦事務，女人的美德則是小心地照管家庭事務，孩子和老人也各有自己的美德。蘇格拉底說，我問你什麼是美德，你卻給了我「一窩美德」，什麼是這些美德的「共同性質」呢？美諾回答說，這就是「統治人的能力」。蘇格拉底反駁道，這

種美德能適用於兒童和奴隸嗎？美諾不得不承認自己關於美德的一般定義並不能普遍適用，於是又進一步把美德說成是正義、勇敢、節制、智慧、尊嚴等等。但是蘇格拉底卻表示，所有這些都還只是「一種美德」，而不是美德「本身」，正如圓形只是一種圖形而非圖形本身，白色只是一種顏色而非顏色本身一樣。蘇格拉底的詰難再一次令美諾陷入了矛盾之中，他不得不在蘇格拉底的啟發之下，一步一步地從具體的美德種類走向美德的一般定義，最終得出了「美德即知識」的結論。在其他許多作品中，蘇格拉底也是透過一步一步地揭露對方矛盾而逼近真理。雖然在通常的情況下，蘇格拉底的對話並沒有得出明確的答案，但是這種試圖透過在具體事例中揭示矛盾、解決矛盾而上升到事物的本質定義的做法，卻具有極其重要的方法論意義。這種意義還不僅是亞里斯多德所說的作為「科學的出發點」的「歸納推理和普遍定義」，而且是在思想的對話和交鋒中發現矛盾、並在矛盾的逼迫下飛躍到更高思維層次的方法，即「辯證法」。

面對著智者派的相對主義和懷疑主義，蘇格拉底堅持從特殊的現象背後去尋求普遍性的東西 (事物的一般定義或共相)，從而肩負起拯救本質的歷史重任。從這種意義上來說，蘇格拉底哲學構成了畢達哥拉斯學派、伊利亞學派等早期希臘形而上學與柏拉圖「理念論」之間的重要理論仲介。當然，蘇格拉底僅僅把事物的一般定義或共相視為主觀辨析的成果，並未將其看作是脫離個別事物而獨立存在的客觀實體。柏拉圖則進一步把普遍本質或共相 (「理念」) 從人的主觀世界擴展到整個客觀世界，將其當作與個別的可感事物相分離的獨立客觀實體，從而建立了古希臘第一個純粹思辨哲學的理論形態 —— 理念論。

― 小蘇格拉底學派 ―

蘇格拉底死後，他的朋友和弟子們分散到希臘各處，他們在傳述和發展蘇格拉底哲學的過程中，從不同側面擷取了蘇格拉底的一些思想片段，形成了彼此不同的學術流派。這些流派被通稱為「小蘇格拉底學派」，大致上可分為如下幾支。

麥加拉派該派的主要代表人物為麥加拉城的歐幾里得 (Euclides，約前 450- 前 369) 及其門徒歐布裡得 (Eubulides，西元前 4 世紀)，他們把蘇格拉底的倫理學原則與伊利亞學派的「存在」和「一」結合起來，使蘇格拉底單憑個人「靈異」建立起來的「善」擴展為宇宙的普遍原則。歐布裡得曾是亞里斯多德的勁敵，他深入研究了論辯術，提出了「說謊者論辯」、「蒙面人論辯」、「谷堆論辯」和「有角人論辯」等一系列悖論，這些悖論中有的是明顯的詭辯，有的則涉及思維矛盾的辯證法和邏輯本身的根據問題。如「說謊者悖論」是說，有人聲稱「我在說謊」，如果我們相信這句話，就必須不相信這句話，因為它是「謊話」；如果我們不相信這句話，我們又必須相信他說的是真話，即真是在「說謊」。麥加拉派提出這些論辯的目的在於論證該派的基本主張，即只有普遍的東西 (「存在」) 才是絕對真實的，而對於個別事物 (「非存在」) 的判斷則會使人們的思維陷入自相矛盾的困境中。

昔尼克派 (犬儒學派) 該派的創始人是蘇格拉底的學生安提西尼 (Antisthens，約前 444- 前 366)，他常常在雅典郊外的一個名為「白犬之地」的體育場講學，並且由於宣揚人應該像狗一樣採取一種最簡單粗陋的生活方式而被人們稱為「犬儒學派」(Cynic School，音譯即昔尼克派)。犬儒學派的主要特點是宣揚一種隨心所欲的生活態度，鄙視一切社會習俗和道德規範，以自然本性來對抗人為矯飾。該派的一位主要代表人物第

歐根尼 (Diogenes，約前 404- 前 323) 出身於貴族，卻公開倡導棄絕一切財富、榮譽、婚姻和家庭，主張背離文明而回歸自然。他常年住在一隻廢棄的大木桶裡，除了一隻喝水用的杯子外，身無長物。有一次當他看到一個牧童用手捧溪水喝時，索性連這隻杯子也扔掉了。他的言行驚世駭俗，曾大白天打著燈籠到處尋找「真正的人」，又據說亞歷山大大帝曾經慕名拜訪他，詢問他有什麼要求，第歐根尼回答道：「只求你別擋住我的陽光！」後人因此而把那種放浪形骸、我行我素的生活作風稱為「犬儒主義」。

昔蘭尼派該派的創始人和主要代表是北非昔蘭尼城的阿瑞斯提普斯 (Aristippus，約前 435-?)，他從感覺論的方面發展了蘇格拉底的「善」，主張善就是快樂，個人的快感就是美德和情感問題的標準。昔蘭尼派把感覺論原則從認識領域轉移到倫理領域，從事實層面轉移到價值層面，他們只關注於情感、想像本身的真切性，而不再關心引起情感和想像的客觀事物本身的真實性。亞里斯多德認為，昔蘭尼派把自己關閉在個人的情感裡，完全割裂了情緒感受與外部事物之間的聯繫。昔蘭尼派用情感體驗來取代客觀真實，認為一切美德都不過是促進快樂的手段，快樂就是生活的目的。昔蘭尼派的這種快樂主義觀點對於希臘化時期的伊壁鳩魯倫理學產生了較為深刻的影響。

― 柏拉圖 ―

柏拉圖 (Plato，前 427- 前 347) 是蘇格拉底的嫡傳弟子，也是把蘇格拉底思想發揚光大並加以體系化改造的最傑出的希臘哲學家。柏拉圖出身於雅典的貴族世家，他在 20 歲左右就開始師從蘇格拉底，長期的耳濡目染使他深受其師思想和人品的影響，並且由於蘇格拉底之死而對雅

典的民主政治充滿了失望和仇恨。蘇格拉底死後，柏拉圖離開雅典，周遊各地，曾先後三次來到西西里島的敘拉古王國，試圖用哲學思想來改造當地的統治者，以實現他的宏偉的政治理想。但柏拉圖的遠大抱負並沒有成為現實，他本人也差一點被當作奴隸拍賣。然而，在政治理想方面屢遭挫折的柏拉圖在哲學教育方面卻取得了極大的成功，西元前 387 年，他在雅典城外的阿加德米運動場附近創立了一所學園 (Academy)。柏拉圖本人在學園裡一面講授哲學、數學、天文學、聲學和植物學等方面的知識，一面從事著述活動達四十年之久。柏拉圖學園中培養了許多傑出的思想家，其中最著名的就是亞里斯多德。柏拉圖死後；學園由他的弟子們繼續辦下去，一直到西元 529 年查士丁尼皇帝下令關閉雅典各異教學院時才結束，前後一共延續了九百多年，柏拉圖主義的哲學傳統也因此而得以傳承和發展。

柏拉圖一生中寫了三十多篇對話體著作，其中絕大多數是以蘇格拉底為對話的主角，最重要的有《斐多篇》、《美諾篇》、《會飲篇》、《國家篇》(《理想國》)《巴門尼德篇》、《智者篇》、《蒂邁歐篇》、《法律篇》等。由於柏拉圖學園的長期存在以及中世紀基督教哲學對柏拉圖主義的思想沿襲，使柏拉圖的作品基本上都得以流傳至今，與德謨克利特著作的遭遇形成了鮮明的對照。

理念論柏拉圖早年曾就學於赫拉克利特派的哲學家克拉底魯，熟知該派的「一切皆變，無物常住」的思想，以及克拉底魯將這一思想推至極端而導致的「語言無法表述事物」的不可知論觀點。此外，畢達哥拉斯學派關於具體事物「摹仿」數目的觀點，巴門尼德關於存在是不變不動的以及思維與存在相同一的觀點，都構成了柏拉圖哲學的重要理論來源。但是對柏拉圖影響最大的，還是蘇格拉底從具體事物背後去尋求一

般定義的做法。顯然，一般定義不是關於感性事物、而是關於普遍本質的，這普遍本質正如同巴門尼德的「存在」一樣，只能是思維或理智的對象。柏拉圖把這種理智的對象稱為「理念」(idea 或 eidos)，這個詞源於希臘語中的動詞「看」，作為名詞則是指「看到的東西」或「顯相」「型相」。但是在柏拉圖那裡，「理念」不是指肉眼所看到的東西，而是指心靈或理智所「看」到的東西，是具有「一」的統一性和「存在」的實在性的觀念，即普遍的概念、共相或形式。

柏拉圖的「理念」與蘇格拉底的「定義」雖然具有直接的淵源關係，但是二者之間卻有兩點根本性的區別。第一，蘇格拉底主要把尋求一般定義的工作局限於精神生活的範圍內，他探討的是關於美、美德、正義、善、勇敢等等的普遍本質；而柏拉圖則把理念擴大到世界的一切方面，認為各種自然物和人造物都有自己的理唸作為其存在的根據，甚至連較大、較小等表現事物關係的範疇，也是對「大」和「小」的理念的分有。第二，蘇格拉底雖然透過一般定義來探尋關於事物的普遍本質，但是他並沒有把普遍本質與個別事物截然分離開來，在他那裡，普遍本質是寓於個別事物之中的，它只能展現在人的抽象思想和語言之中，並不具有獨立的客觀實在性；柏拉圖則將普遍概念（理念）實體化和客觀化，不僅將其看作是獨立於個別事物的實在本體，而且將其看作是獨立於人的頭腦的客觀精神。這樣一來，在柏拉圖的哲學中就出現了個別事物與普遍概念之間的二元分離（「分離說」）。柏拉圖明確地說道：「一方面我們說有多個的東西存在，並且說這些東西是美的，是善的等等……另一方面，我們又說有一個美本身，善本身等等，相應於每一組這些多個的東西，我們都假定一個單一的理念，假定它是一個統一體而稱它為真正的實在。」

　　面對著普遍與個別、一與多、不變不動的理念與流動變化的可感事物之間的二元分離，柏拉圖並沒有像巴門尼德那樣簡單地用前者來否定後者，而是將前者作為後者存在的根據，用自身同一的理念來說明形態各異的具體事物。在他看來，可感事物正是透過「摹仿」或「分有」理念而獲得其實在性的。正如同木匠做床一樣，具體的床是對木匠頭腦中床的理念進行摹仿的結果，每一張床在形態上固然互不相同，但是它們都或多或少地分有了「床」的理念。唯有如此，它們才能成其為床。其他事物的情況也是這樣，柏拉圖說道：「一個東西之所以是美的，乃是因為美本身出現於它之上或者為它所『分有』，不管它是怎樣出現的或者是怎樣被『分有』的……美的東西是由美本身使它成為美的。」「一個東西之所以存在，除掉是由於『分有』它所『分有』的特殊的實體之外，還會由於什麼別的途徑……凡事物要成為二，就必須『分有「二」，要成為一就必須『分有』『一』。」由於可感事物是對理念的摹仿和分有，因此它永遠也不如理念那樣完美，正如摹本不如原作完美一樣。任何具體事物都存在著這樣或那樣的缺陷，而理念本身卻是完美無瑕的，因此理念不僅是可感事物的根據或原型，而且也是它們追求的目標。

　　在柏拉圖那裡，由於萬事萬物都各有自己的理念，各種理念本身就構成了一個等級分明的「理念世界」。這個「理念世界」由低到高大體上可以分為如下幾類：(1) 自然物的理念，如石頭、馬和人的理念，這是最低層次的理念；(2) 人造物的理念，如桌子、椅子和床的理念，它們構成了各種人工製品摹仿的「原型」；(3) 數學意義上的理念，如方、圓、三角形、大於、小於等；(4) 範疇意義上的理念，如存在與非存在、靜止與運動、同與異等；(5) 道德和審美領域的理念，如美、勇敢、節制、正義等；(6)「善」的理念，這是最高的理念，它構成了各種理念由以衍生

的終極根據，同時也是所有理念 —— 以及作為各種理念的「摹本」的感性事物 —— 共同追求的最高目標。一方面，「理念世界」中的各種理念構成了可感事物摹仿和分有的原型；另一方面，所有的理念又都追求著「善」的理念。這樣就形成了一個眾多感性事物趨向於它們的理念，較低階的理念趨向於較高級的理念，所有的事物和理念都趨向於「善」的理念的秩序井然的世界模式和本體論體系。

「善」的理念與神創世界與蘇格拉底把「善」局限於倫理學領域的做法不同，柏拉圖把「善」的理念確立為整個世界的最高原則（被理解為「完善」或完備無缺），它甚至超乎「存在」之上，因為一切存在都從它來。柏拉圖用可見世界中的太陽來比喻可知世界中的「善」，正如太陽一方面用光芒照亮事物、一方面給予我們視覺能力一樣，「善」一方面將真理賦予客觀對象（理念），一方面使認識主體獲得了關於客觀對象的知識。「給認識的對象以真理，給認識者以知識的能力的實在，即是善的理念。」「知識的對象不僅從『善』得到它們的可知性，並且從善得到它們自己的存在和本質，而善自己卻不是本質，而是超越本質的東西，比本質更尊嚴、更強大。」

在柏拉圖那裡，「善」不僅使一切理念（並透過理念使一切具體事物）獲得了實在性和本質（形式），而且也是萬事萬物追求的終極目的和創造世界的根本動力。在晚年所寫《蒂邁歐篇》中，柏拉圖用哲學與神話相結合的方式，描寫了作為至善的神創造世界的過程。柏拉圖明確地表示，世界並非永遠存在的，而是由一個神或造物主 (Demiurse，音譯作「德謬哥」) 以善的理念為指導，以理念世界為模型，將各種理念模式加諸原始混沌的「物質」而創造出來的。柏拉圖的創世說不同於後來基督教的創世說，神不是從虛無中創造出萬事萬物，而只是將本質或形式賦

予原本已有的原始物質，使其成為具有規定性的存在物（感性事物）。就此而言，柏拉圖的神與其說是一個造物主，不如說是一個建築師或巨匠，他只是透過賦予規定性或形式，使已有的素材或質料從潛在的事物轉變為現實的事物。柏拉圖把理念看作真實的存在，但是他並沒有像巴門尼德那樣把感性事物說成是非存在，而是認為它們介乎於存在與非存在之間，而真正的非存在是處於混沌狀態中的無性無狀的原始「物質」。原始物質由於對理念的摹仿和分有而獲得了形式，從而成為感性具體的個別事物。正是因為可感事物分有了理念，所以它們是存在；然而由於感性事物本身是由原始物質構成的，因此它們同時也是非存在。由此可見，在關於存在與非存在的問題上，柏拉圖批判性地綜合了赫拉克利特、巴門尼德和德謨克利特等各種相互對立的觀點，最終形成了關於理念（存在）、原始物質（非存在）與可感事物（既存在又不存在）三者之間關係的學說，並且使得形式（以及目的、動力）與質料之間的矛盾明顯地突出出來。

在柏拉圖看來，神既然是至善的，他所創造出來的世界當然也就是最好的，因為神的至善本性使他「根本不會也不允許作出什麼不是最好的事情來」。柏拉圖寫道：「讓我們來看一看造物主為什麼要創造這個生滅變化的世界。他是善的，而善的東西就不會嫉妒任何東西。既然他是不會嫉妒的，因此他願意使一切東西盡可能和他相像。這就是我們可以完全正確地從有智慧的人那裡學來的宇宙變化的最高原則。」神根據至善至美的原則創造出唯一的世界，把生命和靈魂賦予世界，用秩序與和諧來統轄處於運動變化中的萬事萬物，讓地球處於世界的中心，日月星辰圍繞著地球轉動，並讓具有理性靈魂的人居住在地球亡，成為萬物的靈長。這一切都充分展現了神的智慧、正義和大能，同時也處處顯示出

神的別具匠心的目的。柏拉圖在《蒂邁歐篇》中展現的神創世界理論不僅是對蘇格拉底神學目的論的進一步論證，而且也第一次明確地表述了把神當作一個最好世界的充足理由的神正論思想。

回憶說柏拉圖在認識論上大大發展了蘇格拉底的「認識你自己」的原則，他把從畢達哥拉斯派和奧爾弗斯教那裡吸收來的靈魂轉世說引入了認識論，認為靈魂在進入肉體之前曾經居住在「理念世界」裡，因而早就具有了關於各種理念的知識。當靈魂進入肉體後，由於受肉體的遮蔽而暫時忘記了關於理念的知識，所以需要經過一段時間的「學習」才能重新獲得知識。而所謂「學習」，在柏拉圖看來無非就是「回憶」，「因為一切研究，一切學習都只不過是回憶罷了。」在柏拉圖看來，如果我們在進行感覺之前沒有關於相等本身、美本身、善本身、公正本身之類的知識，我們何以能夠比較事物的彼此相等，何以能夠判斷什麼東西是美的、善的或公正的呢？因此，我們在生下來之前就已經有了關於事物「本身」或「絕對本質」之類的知識，出身後卻因為受到肉體的遮蔽而暫時遺忘了，而由於感覺經驗的刺激又重新回憶起來。這種回憶是靈魂的淨化和提升，但要完全擺脫感性肉體的束縛，需要靈魂在累積充分的知識之後達到一種「理性的迷狂」狀態，類似於愛情或生殖的迷狂衝動，但比它們更高。這裡有三點需要指明：第一，柏拉圖雖然否認感覺經驗（「意見」）是知識的來源，但是卻承認感覺經驗是刺激人回憶起知識的媒介或機緣，正如看到一位故友常用的七絃琴會使我們回憶起他的模樣一樣，一些相等的東西、一個美的事物可以使我們回憶起相等本身和美本身。第二，透過感覺的媒介而進行的回憶不是對某個具體事物的回憶，而是對事物「本身」即理念的回憶，「用視覺、聽覺或者其他官能感覺到一件東西的時候，可以由這個感覺在心中喚起另一個已經忘記了

的、與這件東西有聯繫的東西。」第三，所以回憶是一個不斷上升的過程，需要調動靈魂的主體能動性，而所謂靈魂（努斯）就是「推動自己運動的東西」，「靈魂的本質是自動」。這就以先驗論的方式表達了認識主體的能動性原則。「回憶說」是西方哲學史上第一個系統闡發的唯心主義先驗論的認識論思想。

柏拉圖在《國家篇》裡根據以上思想講述了一個著名的「洞喻」：假定有一些從小就被捆綁著不能轉身的囚犯面朝洞壁坐在一個山洞裡，洞口外面有一堆火在洞壁上照出一些來往木偶的影子，這些囚徒一直以為這些影子就是現實的事物；直到有一天一個囚徒解除了束縛，轉身看到火光下的木偶，才知道以前看到的只是一些影子；等他走出洞口，看到陽光照耀下的萬物，才知道那些木偶也不是真正的事物本身，不過是人與自然物的摹本。但他這時還不能直接看太陽，只能看太陽在水中的倒影，等到他逐漸適應了，他才能看見太陽，並終於明白了這一切事物都是藉著陽光而被看見的，太陽才是最真實的東西。柏拉圖這個「洞喻」的意圖不僅要說明洞外事物之於洞裡陰影正如理念之於可感事物，太陽之於世間萬物正如「善」的理念之於理念世界一樣，而且也試圖表明人的靈魂是透過「轉向」來認識事物的本質的，即從洞壁轉向洞口，從洞口的火光轉向外面的事物，從水中的倒影轉向天上的太陽。轉向就是反思和再反思，雖然是不斷地轉回頭，但總的來說使知識呈現為一個線性的上升過程。所以柏拉圖又用「線喻」表明了這個上升過程的各個階段。

知識與意見柏拉圖為了說明知識的各個不同階段，他把一條線段劃分為兩個部分，分別代表「可見世界」和「可知世界」的知識，它們各自又分為兩個部分，這樣就有按照其清晰程度或真實程度而劃分出的四個從低階到高級的知識等級：可見世界的知識即「意見」，包括「想像」

和「信念」；可知世界的知識即「真理」，包括「理智」和「理性」。在意見和真理這兩種知識之外的還有「無知」，可見柏拉圖對於意見並不是採取簡單的否定態度，而只是認為它不如知識那樣明確，但並不是無知。在這一點上，柏拉圖的觀點吸收了赫拉克利特的因素，即認為處於運動變化中的可感事物並非完全不可認識，只不過這種認識不是真理，而是模稜兩可的意見罷了。柏拉圖與他的論敵德謨克利特一樣，都把對可感事物的認識看作是不可靠的（意見或「闇昧的認識」），而把對思維的抽象物（理念或原子）的認識當作真正的知識；但是被德謨克利特推崇的「真理性的認識」的對像是物質性的原子和虛空，在柏拉圖那裡卻是抽象的形式即理念。

　　意見是關於可感世界的認識，可感世界又可分為事物和事物的影像（如事物在水中的映像、在陽光下的陰影或在藝術品中的肖像等），因此意見也可再分為對事物影像的認識，即「想像」，以及對事物的認識，即「信念」。「信念」所針對的事物已經是理念的影子了，「想像」比「信念」更加缺乏確定性，它是「影子的影子」，和真理「隔著三層」。真理是關於可知世界的認識，而可知世界也可以分為數理對象與純粹理念兩部分，數理對象雖然也是理念，但是這些涉及數學和自然科學的理念如「圓本身」「三角形本身」仍然需要藉助於直觀的圖形和假設來加以表現，因此還不是完全脫離了感官知覺的純粹理念。相對於可知世界的這兩個部分，知識也可再分為關於數理對象的「理智」和關於純粹理念的「理性」。「理智」由於把未經證實的假設（如幾何學的公理）當作絕對的出發點，而且也不能完全擺脫感性事物的輔助，因此還不是純粹的知識；而在「理性」的認識活動中，假設不再被當作絕對的起點，而僅僅被當作上升到第一原理的跳板，而且「人的理念絕不引用任何感性事

物，而只引用理念，從一個理唸到另一個理念，並且歸結到理念」。這種從一個理念轉化為另一個理念的「理性』」認識活動被柏拉圖叫做「辯證法」，它是「真正的知識」或「真正的科學」，是「一切科學的基石或頂峰」。所有的數學知識和科學知識都是為了學習辯證法而做準備的，都構成了辯證法這一「主要樂章」的「前奏曲」。

辯證法柏拉圖的「辯證法」是一種研究純粹理念 (哲學範疇) 的邏輯聯繫與相互轉化的學說，它雖然不涉及抽象概念與現實事物之間的關係，但是卻系統地探討了各個哲學範疇之間的對立統一關係，將智者派和蘇格拉底所開創的主觀辯證法推向了一個高峰。在辯證法中，柏拉圖集中考察了各種純哲學範疇，如存在和非存在、一和多、同和異、動和靜等等，而將「馬」「桌子」等等具體事物的理念當作低層次的東西撇在一邊。他發現純粹哲學範疇有一種特點，就是超出自身而向它的對立範疇轉化的內在必然性。在他較後期的對話如《巴門尼德篇》和《智者篇》專科門探討了這些理念之間的這種自我否定和對立統一的關係。他受到伊利亞學派辯證法的啟發，主張在考察一個範疇的內涵時同時考慮與它相反的情況。

舉例來說，當人們考察「一」時，「你不僅應該假設如若『一』存在，研究它將產生什麼結果，還要假設這同一個『一』不存在 [它將產生什麼結果]。」但柏拉圖並不像伊利亞學派那樣，以為否定了對立的概念「多」就可以透過歸謬法反證自己的概念「一」成立，相反，他還證明「一」若孤立起來看，正如「多」一樣也會導致荒謬的結果。他對這一點的論證有兩個層次：(1) 假如「一是」(或「有一」、「一存在」)，那麼由於它是一 (而不是多)，所以它不能是多於一的任何東西，只能是它本身即「一」，因為一加上任何規定它就不再是「一」而是「多」了，

所以只能說「一是一」；但我們也不能說「一是一」，因為要能這樣說，必須先說它和本身「相同」，但「相同」並不是「一」，這就在「一」上加上了不是「一」的東西，「一」也就不再是「一」而成了「多」；再者，我們甚至也不能說「一是」，因為「是」本身也不是「一」，說「一是」已經在「一」上加上不是「一」的東西了。結論：如果「一是」，則「一不是」。(2) 假如「一是」，那麼這一命題包括兩個部分：「是」和「一」，其中每個部分又既是「是」又是「一」，如此類推，以至無窮，這樣「一」就是「無限的多」了。結論：如果「一是」，則「一是多」（或「一不是一，而是多」）。

　　柏拉圖《巴門尼德篇》中這套反駁「一」的論證與前面說的愛利亞的芝諾反駁「多」的論證（見本章第二節四、3）恰好構成一對類似於康德的「二律背反」的 命題，他實際上是借巴門尼德之口與芝諾關於存在和一的論證唱了一場對臺戲，即以其人之道還治其人之身。但其目的並不是要駁倒伊利亞學派，而只是要透過這種戲劇性的反諷揭示出這些概念的矛盾本性。至於如何解決這種矛盾，他還沒有找到答案。只是到了《智者篇》中，他才找到了解決矛盾的途徑，這就是「通種論」。這時他意識到對立雙方都有其真理的一面，它們只有在一個高於它們的第三者、即一個更普遍的「種」概念之下才能統一起來，這就是「通種論」。例如動和靜本身是不能直接結合的，動不是靜；但在「存在」這個概念中，動和靜是可以結合起來的，存在既是動的，又是靜的。同樣，一不是多，但既然說「不是」，所以一和多在「不是」即「非存在」之下可以結合起來。所以，孤立的一個理念是沒有意義的，任何理念都是和與它相對立的理念一起結合在一個更高的理念（通種）之卜的，因而整個理念世界就不再是一盤散沙，而是一個在不同層次上對立統一的嚴密邏輯體

系了。柏拉圖由此就大大超出了伊利亞學派和智者派的帶有詭辯色彩的「消極的辯證法」，而提升到了黑格爾所謂的「積極的辯證法」的水平。發現一切事物都是相對的，依條件不同而轉化的，這種消極的辯證法孤立地運用就會成為詭辯；由對立面的衝突提升到一個更高的概念以解決這種衝突，才真正能使辯證法產生出積極的結果來。這就是柏拉圖的辯證法對後世的辯證法（特別是黑格爾的辯證法）最重要的啟發。

理想國柏拉圖對雅典式的民主政治深為反感，他在《國家篇》中，參照埃及和斯巴達的模式設計了一套理想的政治制度，試圖把自己的哲學觀點和政治實踐結合起來，使哲學家與統治者融為一體，從而建立一種「哲學王」的理想國度。在柏拉圖看來，既然整個世界是一個由「善」的理念所統轄的秩序井然的體系，那麼掌握了「善」的知識的人（哲學家）也應當成為一個等級森嚴的國家的主宰。國家是由個人組成的，它不過是放大了的個人，而個人的本性即靈魂是由三個部分組成，這就是理性、意志和慾望。靈魂的這三個部分各有其德性，理性是靈魂中最優秀的部分，它的德性是「智慧」；意志是根據理性的命令來發動行為的部分，它的德性是「勇敢」；慾望則是靈魂中最低劣的部分，它的德性是「節制」。當靈魂的這三個部分都恪守自己的德性時，整個靈魂也就達到了自然和諧，從而實現了最高的德性 ——「正義」。與個人靈魂的這三個部分相適應，在國家裡也應該有三個社會階級，即統治者、保衛者和勞動者，他們的職責分別是以智慧來治理國家、以勇敢來保衛國家和遵行節制而勤奮工作（柏拉圖在《國家篇》中甚至試圖用神話來說明這三個階級分別是神用金、銀和銅鐵做成的）。當這三個社會階級各守其職時，一個遵循「正義」原則的「理想國」就應運而生了。所以智慧、勇敢、節制和正義是理想國中的「四德」。此外，在「理想國」中，第一、

二等級實行財產公有，甚至取消家庭，過集體生活，按照優生學原理由國家統一安排男女兩性的結合，對於後代的撫養和教育也由國家負責，這就是所謂「柏拉圖的共產主義」。理想國中等級森嚴、分工明確，「每個人必須在國家裡面執行一種最適合於他的天性的職務」，不得相互干擾和隨意僭越。藝術家則除了為國家的祭祀典禮和道德教育服務的頌神詩人外，那些專門誘惑人的情感、煽動民眾激情的藝術家（如荷馬）都應當被趕出理想國。理想國的統治者必定是掌握了最高知識的哲學家，柏拉圖明確地說道：「除非哲學家變成了我們國家中的國王，或者我們叫做國王或統治者的那些人能夠用嚴肅認真的態度去研究哲學，使得哲學和政治這兩種事情能夠結合起來，而把那些現在只搞政治而不研究哲學或者只研究哲學而不搞政治的人排斥出去，否則我們的國家就永遠不會得到安寧，全人類也不會免於災難。」柏拉圖的這種「哲學王」的理想在今天已經被人們當作一種空想的烏托邦而拋棄了，甚至他自己也把他的「理想國」當作一種不可實現的烏托邦來看待。但是他按照嚴格的理性來設計人類社會的合理結構這種做法卻一直是後世各種社會政治哲學頻繁仿效的。

亞里斯多德

　　亞里斯多德 (Aristotle，前 384- 前 322) 是古希臘哲學的集大成者，也是各門科學的奠基人。亞里斯多德出身於色雷斯的斯塔吉拉城，父親是馬其頓王腓力的宮廷御醫，他的早期教育與醫學有密切關係。17 歲時他來到雅典，進入柏拉圖學園並在那裡學習和工作了近二十年，深受柏拉圖思想的薰陶。當時正逢馬其頓興起且開始吞併希臘各城邦的時代，西元前 343 年他應馬其頓國王腓力之邀做了亞歷山大王子的教師，亞歷山大繼承王位後仍然對亞里斯多德尊敬有加，在東征途中還不斷讓人為亞里斯多德採集動植物標本以供研究之用。但是關於這兩位偉大人物在思想上究竟有多深的聯繫，歷來都是眾說紛紜；但亞歷山大所到之處傳播希臘文明，開創了「希臘化時代」，與他本人所受的教養肯定有關。西元前 335 年，亞里斯多德離開馬其頓回到雅典，在一個名為「呂克昂」的體育場建立了學校，開始從理論上對其老師柏拉圖的理念論進行批判，並在批判的基礎上建立了自己的哲學體系。由於亞里斯多德常常與學生們一邊散步一邊教學，他的學派被人們稱為「逍遙學派」。西元前 323 年，亞歷山大大帝在回師巴比倫時染病身亡，亞里斯多德遭到了雅典反馬其頓黨的攻擊，不得不流亡他鄉，次年即病逝了。

　　亞里斯多德是古代最博學、最深邃的思想巨擘，他的教學和著述廣泛涉及形而上學、邏輯學、物理學 (廣義的自然科學)、心理學、倫理

學、政治學、文藝理論等諸多領域，被稱為「百科全書式的學者」。他的作品經過歷代弟子和學者們的整理編纂而彙集為《亞里斯多德全集》20多卷，其中最主要的著作有《形而上學》、《工具篇》、《物理學》、《論靈魂》、《尼各馬可倫理學》、《政治學》、《詩學》等。

對理念論的批判亞里斯多德對其師柏拉圖充滿了崇敬之情，但是這並沒有妨礙他對柏拉圖的理念論進行全面而深刻的批判，他的一句名言是：「吾愛吾師，吾更愛真理。」亞里斯多德對理念論的批判比較集中地表現在《形而上學》中，尤其是在該書的第一卷第九章中，這些批判可以歸納為如下幾點：

第一，理唸作為事物的形式、實體或共相只能存在於具體事物之中，而不能在事物之外獨立存在。「說實體和那些以它為實體的東西會彼此對立，這似乎也是不可能的。理念既然是事物的實體，怎麼能夠獨立存在呢？」柏拉圖理念論的要害就在於，認為在個別事物之外還獨立存在著一個與之相應的理念，並且把二者的關係顛倒過來，將理念說成是「在先的」，具體事物反而退居其次了，這樣就在存在和認識的次序上都使得「相對的先於絕對的了」。

第二，人們用來論證理念存在的方法都站不住腳，它們或者是缺乏必然性的推論，或者推出了一些沒有與之對應的東西的形式或理念，如「否定了的東西」、「缺乏」也有其理念，不能獨立存在的「關係」也有相應的理念，這顯然是荒謬的。更為嚴重的是，將具體事物與理念相分離必然會導致「第三者」的出現，因為要想說明具體事物與理念的相似性，就必須設定一個「第三者」，它與具體事物和理念都具有某種相似之處。而為了說明這個「第三者」與具體事物和理念的各自相似性，又必須設定一個新的「第三者」，這樣就會陷入「第三者」概念的無限倒退。

　　第三，「分有」只能是對「實體」的分有，因為只有「實體」才具有形式或理念，而柏拉圖卻讓那些非實體性的東西也具有理念，這樣一來，「分有」就成為一句空話，充其量不過是「一種詩意的比喻」而已。至於「摹仿」，更是無稽之談。「任何東西都能夠存在和生成，和別的東西一樣，不必是從理念摹下來的，因此不論蘇格拉底是否存在，蘇格拉底這樣一個人都可以生出來，而且很明顯，就算蘇格拉底是永恆的，也仍然可以有蘇格拉底出世。」而且，如果具體事物是對理念的分有或摹仿，那麼同一個事物都會有幾個不同的形式或理念，例如，蘇格拉底的理念既是「人本身」，也是「動物」和「兩腳的」，那麼蘇格拉底豈不是同時分有或摹仿了好幾個理念？而在這些理念中，「人本身」是「動物」的摹本，同時又是蘇格拉底的原本，這樣一來，一個東西豈不是同時既是原本又是摹本了嗎？這顯然是自相矛盾的。

　　第四，從現實的角度來看，理念對於感性事物沒有任何意義，它既不能引起事物的運動變化，也不能幫助人們更好地認識事物。就前一個方面而言，理念本身是不變不動的，因此它不能成為運動變化著的事物的原因；就後一個方面而言，理念論在具體存在的事物之外又加上了數目與之相等的「形式」或「理念」，從而使我們不僅要面對眾多的事物，而且還要面對與事物同名的單一的理念，把問題的難度陡然增加了一倍。

　　在從各方面對理念論進行了批判之後，亞里斯多德總結道：「一般說來，雖然哲學家是尋求感性事物的原因的，我們卻放棄了這個任務，因為我們完全沒有談變化的原因。我們幻想自己在說出感性事物的實體時，卻是斷言了另一種實體的存在。我們說那種實體如何如何是感性事物的實體，說的其實都是些廢話。因為所謂『分有』，如前面所指出的，

是毫無意義的說法。」亞里斯多德在對柏拉圖理念論的批判的基礎上，建立了自己的形而上學體系。

第一哲學及存在論亞里斯多德把哲學理解為一切科學的總彙，它由理論科學、實踐科學和藝術三大部分組成，其中理論科學又分為第一哲學 (即形而上學)、物理學或自然科學，以及作為方法論的邏輯學，實踐科學則包括倫理學和政治學。亞里斯多德在上述各個領域都有卓越的建樹，本書將主要介紹亞里斯多德的第一哲學。

在《形而上學》一書中，亞里斯多德說明了第一哲學的基本宗旨，這就是闡明事物的一般原因和原理。亞里斯多德認為，求知是人類的本性，人的認識從感覺和記憶開始，透過累積經驗而上升到技術。經驗是個別知識，而技術則是普遍知識，但是這種普遍知識僅限於某種具體科學和生產部門的範圍之內，因此技術仍然只是特殊的和次級的學術。從生產部門的技術再上升到理論部門的知識，才能達到最高的智慧。這種智慧就是第一哲學或形而上學，它的對象不是特殊的存在物，而是存在本身或「作為存在的存在」。第一哲學與第二哲學 (即物理學或自然科學) 的區別就在於，後者研究特殊的存在物，前者則研究存在本身。亞里斯多德說：「存在著一種研究作為存在的存在，以及就自身而言依存於它們的東西的科學。它不同於任何一種各部類的科學，因為沒有任何別的科學普遍地研究作為存在的存在，而是從存在中切取某一部分，研究這一部分的偶性，例如數學科學。既然我們尋求的是本原和最高的原因，很明顯它們必然就自身而言地為某種本性所有……所以我們應當把握的是作為存在的存在之最初原 因。」這種關於「作為存在的存在」的科學，就是「本體論」。

本體論 (ontology)，又譯「存在論」，意指「關於存在的學說」。該

詞不是亞里斯多德的用語，而是 17 世紀經院哲學家郭克蘭紐所提出來的，有時指形而上學本身，有時則指形而上學的核心部分。亞里斯多德在其《形而上學》中確實是圍繞「存在」問題來展開自己的論述的，其中最重要的問題就是給存在分層和分類。亞里斯多德認為，要解釋各種事物的原因，不能像柏拉圖和其他人那樣將各種不同的存在混在一起，而首先應當建立一門有關「存在」的學問，看它們分為哪些種類利等級，當然，其中最高等級的存在就是「存在本身」。這一提法表面上還是沿著自巴門尼德到柏拉圖的思路，而承認了最普遍的、無所不包的「作為存在的存在」在哲學上的絕對性和第一性，即認為任何各式各樣的存在裡面都含有一個使它們成為存在的「存在本身」。但接下來亞里斯多德就和他們分道揚鑣了，因為他提出了一個從來沒有人提出過的、石破天驚的問題：「存在是什麼？」歷來人們都是把存在當作一切討論的前提，最多涉及存在與非存在、與「一」等等的關係，但卻沒有人把存在本身當作討論的對象而問一問它是什麼。當然，由於存在是最高的，我們不可能用一個比它更高的概念（更高的「種」）來給它下一個定義，所以對這個問題的回答就只能是對存在進行分析，看看它究竟包含有哪些種類的存在。

　　亞里斯多德認為，事物被稱為「存在」主要有兩種意義：(1) 偶然的屬性（偶性），如「這人是文明的」或「這人是白的」，「文明」和「白」就是偶性，它們存在於這人身上是偶然的，因為這人也可以不文明或不白。(2) 必然的本質，即範疇，如實體，以及性質、數量、關係、主動、被動、處所、時間等，這些都是任何一個事物身上的必然的（本質的）存在，因為任何一個東西都不可脫離這些方面的規定而存在，只要去掉了其中一種規定，它也就不存在了。除此以外，他還提到另外兩種含義：

(3) 確實性，說一件事「存在」（「是」），是肯定它是真的而不是假的。
(4) 潛在性，有些東西雖然還不是現實的存在，但卻是潛在的存在。不過，這裡最重要的還是前兩種存在的分別，特別是第二種存在內部的區分，其中主要是「實體」的存在和其他範疇的存在的區分。由這裡就引出了亞里斯多德形而上學的「核心的核心」，即作為存在學說的核心的實體學說，因為在他看來，實體是一切存在的中心。一切屬性的存在，甚至一切範疇的存在，都是唯一地與實體這個範疇相聯繫而得以存在的，它們都不是獨立的存在，只有實體才是真正獨立的存在。「作為存在的存在」是什麼？是實體。實體是一切存在的類別中最根本的一種。這樣，形而上學的一切問題，包括「存在是什麼」的問題，最終都歸結為、甚至等同於「實體是什麼」的問題了。

　　所以，亞里斯多德認為，對存在本身的研究是以對「實體」的本性和基本原則的研究為核心的。正因為如此，亞里斯多德的第一哲學或形而上學也可以被稱為實體哲學。實體哲學主要研究的問題有三個：第一，實體是什麼？第二，實體的原因是什麼？第三，實體是如何生成的？對第一個問題的回答構成了亞里斯多德的狹義的「實體學說」；對第二個問題的回答導致了「四因說」；對第三個問題的回答則形成了「潛能與現實」的理論。

　　實體的定義亞里斯多德所說的「實體」（希臘文 ουσια 拉丁文 substance) 作為哲學的最基本的範疇是第一性的和獨立存在的，一切其他範疇（如數量、性質、關係等）都必須依附於實體而存在。顯然，當我們說一個東西「是怎樣的」之前，首先要弄清楚它「是什麼」，「是什麼」的問題在任何意義上都是最根本的問題。亞里斯多德指出：「儘管最初有許多意義；但實體在一切意義上都是最初的，不論在定義上、在

認識上，還是在時間上。其他範疇都不能離開它獨立存在。唯有實體才獨立存在……存在是什麼，換言之，實體是什麼，不論在古老的過去、現在、以至永遠的將來，都是個不斷追尋總得不到答案的問題。有些人說它是一，有些人說它是多，有些人說它是有限的，有些人說它是無限的。所以，我們首要的問題，或者唯一的問題，就是考察這樣的存在是什麼。」

　　因此，在談論任何有關實體的問題之前，首先要弄清楚實體是什麼。亞里斯多德在《範疇篇》中對實體下了一個基本的定義：「實體，在最嚴格、最原始、最根本的意義上說，是既不述說一個主體，也不依存於一個主體的東西。如『個別的人』、『個別的馬』。」所謂「不述說一個主體」，是指實體不能在一個陳述句裡作為謂詞來述說主詞，例如，在「蘇格拉底是人」這個陳述句中，「人」是用來述說「蘇格拉底」的，但是「蘇格拉底」卻不能反過來述說「人」或其他的東西。「蘇格拉底」是一個個別的人，而「人」則是蘇格拉底所屬的一個普遍的屬，我們只能用後者描述前者，不能用前者描述後者。所謂「不依存於一個主體」則是指實體必須具有獨立存在的特點，它不同於屬性，只能依附於某個主體而存在。例如「蘇格拉底是白色的」這個陳述句，「白色的」不僅是用來述說蘇格拉底的某種特性，而且也必須依附於蘇格拉底的身體，它不可能脫離蘇格拉底或其他主體而獨立存在。因此，一般說來，用來述說主體的東西或者是普遍性的種屬概念（如「人」、「動物」等），或者是依附於被述說者的某種屬性（如「白色的」、「勇敢的」等），而被述說者則通常只能是具體的個別事物（如「蘇格拉底」、「那匹白馬」等）。亞里斯多德把這些既不述說、也不依存於其他主體的具體的個別事物稱為「第一實體」，它們構成了支撐一切其他事物（種屬或屬性）的最後的載體和

絕對的主體 (在一切陳述句中都恆為主詞)。實體具有如下特點：首先，實體是一個具體的、個別的東西，是「這一個」，而不是抽象的、普遍的東西；其次，實體不同於屬性，它沒有與之相反的東西，例如，與「大」相反的屬性是「小」，與「好」相反的屬性是「壞」，但是卻沒有什麼東西是與「蘇格拉底」相反的；再次，實體沒有程度上的差別，即沒有一個實體比另一個實體更是實體，例如我們不能說「張三」比「李四」更是實體；最後，實體是變中之不變，無論蘇格拉底是臉黑還是臉白，是年少還是年老，他都是蘇格拉底。蘇格拉底的具體屬性可以變化，但是作為實體卻是始終如一的。當然亞里斯多德並不否認實體本身也有生滅變化，但是這種變化不同於屬性的變化，就每一個實體來說，它都是自身同一的。必須注意的是，所有上述規定都有一個明顯的特點，就是它們都是從人們的說話方式即語言語法中引出來的，亞里斯多德相信語言的邏各斯與存在的事物有相同的結構，因而他的本體論與他的邏輯學一開始就有一種密切的內在聯繫。

從實體的定義中我們可以看到，亞里斯多德把個別的、具體的事物當作第一實體的做法是與柏拉圖把普遍的、抽象的種屬概念 (「理念」) 當作真實的存在的做法截然對立的。但是亞里斯多德在「第一實體」之後馬上又提出了「第二實體」的概念，這就是邏輯上的「種」和「屬」的概念。亞里斯多德說：「人們所說的第二實體，是指作為屬，包含第一實體的東西，就像種包含屬一樣。如，某個具體的人被包含在『人』這個屬之中，而『人』這個屬自身又被包含在『動物』這個種之中。所以，這些是第二實體，如『人』、『動物』。」這樣一來，作為種屬概念的「理念」也就如同個別事物一樣成為了實體，儘管只是第二實體。雖然亞里斯多德承認，只有第一實體才具有「既不述說一個主體，也不依存於一

個主體」這兩個基本特點，而第二實體則僅僅只具有「不依存於一個主體」的特點，它卻可以述說一個主體（述說個別事物），因此「第一實體比其他事物更是實休」、「第一實體乃是在最嚴格意義上的實體」。但是，把屬概念當作實體必然會導致把一切抽象的普遍概念都當作實體這一邏輯後果，因為任何一個述說屬的種又可以被一個更大的種所述說。這樣一來，亞里斯多德又部分地回到了柏拉圖的理念論。

四因說除了從語言規則上（邏輯上）給實休下一個定義外，亞里斯多德認為從客觀事物中為實體概念找到它的具體根據也是必要的。第一哲學不僅要說明實體是什麼，而且更要說明實體為什麼成了實體，即不僅要「知其然」，而且更要「知其所以然」，這就要探討實體存在或產生的原因，而他提出的「四因說」是對古希臘各種本原學說的一種理論概括。亞里斯多德正是在總結前人思想的基礎上提出了他的「四因」——質料因、形式因、動力因和目的因。以建造一所房屋為例，磚瓦木料是房屋的質料因，設計藍圖是它的形式因，工匠及其技藝是它的動力因，而房屋的用途——供人居住——則是它的目的因。

亞里斯多德認為，在人造物中「四因」是彼此區別的，但是在自然物中，動力因和目的因都可以歸結為形式因。例如一棵橡樹，它從中生長起來的橡子是質料因，而橡子所要長成的橡樹則是形式因，同時橡樹也是橡子所要達到的目的以及推動橡子向它生長的動力。因此，形式因、動力因和目的因是合一的，「四因」可以歸結為形式因與質料因這兩個最基本的原因。形式規定了事物的本質，包含著事物發展的動力和目的，因此是積極的、能動的和決定性的因素，質料則是消極的、被動的和被決定的因素。

於是亞里斯多德由實體的原因反過來再對實體加以規定，看什麼是

「真正的」實體，或「本質的」實體，因為一個事物的本質就是該事物的原因。他首先把實體的原因追溯到質料因，認為質料作為實體的「載體」是最基本的實體，一個東西沒有質料就根本談不上存在。但他又認為，一個東西光有質料也不可能存在，因為作為最基本的「第一實體」的個別實體必然具有其獨特的形式。如在一尊蘇格拉底的銅像中，銅不一定構成「這一個」實體，它也可以用來鑄成別的形象，只有蘇格拉底的形象才使這些銅料成為了「這一個」銅像。由於任何個別事物都是由形式和質料構成，因此質料、形式都是實體。但是相比之下，形式由於代表一個實體的個別性，因而比具有「無定形」的普遍性的質料更是實體。是形式把那些沒有確定形狀的質料聚集在一起，才構成了一個有定形的個別實體的，所以真正的實體就是形式。一個實體的形式就是使該實體之成為「這一個」實體的東西，即作為本質的實體。

但在亞里斯多德看來，事物的形式與質料又是相對的，對於低一級的事物是形式的東西，對於高一級的事物則是質料。例如，磚瓦是泥土的形式（泥土是磚瓦的質料），同時又是房屋的質料，房屋是磚瓦的形式，卻又是街道的質料。這樣以此類推，整個宇宙就形成了一個從質料到形式交替上升的統一序列，高一級事物不僅構成了低一級事物的形式，而且也是推動或吸引低一級事物向自己發展和上升的動力和目的。這個序列的最下端就是沒有任何形式的「純質料」，它相當於「非存在」；序列的最頂端則是不再構成質料的「純形式」或「形式的形式」。這個「純形式」是一切事物追求的終極目的，也是推動一切事物向其發展運動的「第一推動者」，它自身不動而推動萬物，因此是「不動的推動者」，亞里斯多德又把它稱為「神」。他的第一哲學因此也被他稱為「神學」。

　　至於形式和質料的結合方式，亞里斯多德訴之於目的論。在他看來，自然本身如同人工產物一樣，也含有目的的意義，「自然屬於那一類為了某個東西而活動的原因」。「自然是一種原因，一種為一個目的而活動的原因」。在由自然產生的事物中，這目的就表現為質料對形式的追求、趨向，但不是質料主動追求，而是形式給質料賦形，使自己在質料中實現出來。因此對於自然產生的東西，形式就是目的，質料是被動的可能性，形式是主動的現實性。形式不是抽象僵化的形式（如通常講的「形式主義」），而是能動的活動（形成活動）。如一棵樹的形式就是樹從種子到長成大樹所追求的目的。當它還未長成大樹時，目的是「潛在」於種子裡的，而長成之後則是目的（形式）「實現」出來了。所以形式作為事物的目的，看起來似乎後於質料（作為結果），實際上先於質料（作為動機）。

　　潛能與實現亞里斯多德不僅說明了「實體是什麼」和「實體的原因是什麼」，而且也試圖說明「實體是如何生成的」。原子論者及其先驅們用元素（四根、種子或原子）的機械組合來說明事物的生成，柏拉圖用「分有」或「摹仿」來說明事物的生成，亞里斯多德則立足於目的論，提出了潛能與實現（又譯「現實」）的學說，以說明萬物生成的根據。他認為任何實體或個別事物都處於從潛在狀態（「潛能」）到實現的運動過程中，他甚至以此來給運動下定義：「所以正是那潛在的東西，並且作為潛在的東西，其完全的現實性才是運動。」潛能與實現的關係是對應於質料與形式的關係的，任何事物都是由質料與形式共同組成，當質料尚未獲得該事物的一定形式時，它就是處於潛在狀態的事物，只有當它獲得了這種確定形式之後，才成為現實的事物。亞里斯多德認為，潛能與實現是不可截然分開的，它們並不是兩個漠不相關的東西，而是同一事物

的兩種不同的存在狀態，潛能之為潛能，僅在於它還沒有實現或完成。

亞里斯多德認為，實體的生成過程就是從潛能向實現的轉化過程，這個轉化過程就是運動。運動既不同於單純的潛能，也不同於完全的實現，但是作為實現的形式正是吸引作為潛能的質料向自身運動的動力。質料是能被推動者，形式則是能推動者，正是後者吸引或推動著前者運動起來，岡此運動是屬於實現或形式一方的。運動是正在進行的實現過程，現實則是已經完成了的運動結果 (稱之為 entelecheia，音澤「隱德萊希」，又譯「圓成」)。在亞里斯多德看來，實現或現實既是一個正在進行的過程，也是一個已經完成的過程，因為在希臘語中，「現實」一詞 (ενεργεια) 的本意就是「正在運動」。現實不僅是引起運動的動力，而且也是運動所要實現的目的，當潛能透過完全的實現過程 (運動) 而成為現實時，運動也就達到了它的目的，從而一個實現了自己的形式的實體或個別事物也就形成了。由此可見，亞里斯多德對於事物的運動發展是從日的論的角度來進行闡發的，他對宇宙萬物的結構的解釋持一種有機論的立場，常常以植物 (如橡樹) 甚至動物作例子來說明宇宙的生長活動。他曾認為一隻從身體上割下來的手就不再是手了，據說這與他出身於醫生世家有關。他由此而把神也看作一個生物有機體：「生命是屬於神的，因為思想的現實活動就是生命，神就是現實性。神的自我的現實性就是最美好的永恆的生命，所以我們說神是有生命的、永恆的、至善的；不斷延續的生命只能屬於神。」在西方哲學史上，亞里斯多德的目的論長期以來成為自然哲學中片面機械論的中和劑，同時也是神學的重要支柱。

認識論亞里斯多德的認識論也如同本體論一樣，表現出一種折中與調和的特點。一方面他承認對於第一實體或個別事物的認識是從感覺開始，客觀存在的事物是感覺發生的源泉。他把人的「感性靈魂」比作

「蠟塊」，感覺就是外物印在「蠟塊」上的痕跡。「離開感覺，沒有人能夠理解任何東西」。認識的順序是從感覺經過記憶、經驗而上升到科學技術和哲學的認識。哲學的認識就是智慧，它雖然是對一般原理和原因的認識，但這些一般原理和原因是「理性靈魂」透過分析和歸納從「感性靈魂」這個「蠟塊」的痕跡中得出的。因此亞里斯多德實際上已經接近了「凡是在理智中的，無不先在感覺之中」這一經驗論的基本原則，他的整個科學研究中也表現出明顯的經驗主義傾向，與柏拉圖形成鮮明的對比。

但是亞里斯多德同時也表現出巴門尼德 - 柏拉圖這一傳統的唯理論的一面，他認為，感覺只能感受事物的形式而不能把握其實質，更不能使我們認識到事物的本質。「『感官』是指這樣一種東西，它能夠撇開事物的質料而接納其可感覺的形式。這正像一塊蠟接納圖章的印跡而撇開它的鐵或金子。我們說產生印跡的是銅的或金的圖章，而它的特殊金屬素質如何卻不相干。同樣情形，感官受到有顏色的、有香味的、或者發聲音的東西影響，至於那個東西的實質是什麼卻沒有關係。」這就是所謂「蠟塊說」。此外，感覺與感覺的對像是彼此外在的，感覺在對象面前是完全被動的，而且它只能對個別的事物進行感覺，不能把握普遍的東西，普遍的東西是內在於理性靈魂之中的。他在《論靈魂》中說：「現實的感覺是個別的，而知識是普遍的。在某種意義上，普遍存在於靈魂自身之中，這就是人們何以只要願意，便能隨時思維的原因。而感覺不是隨自己意願的，它必須要受到感覺對象的啟動，關於感性對象的知識也是如此，由於同樣的原因，感覺對像是個別的、外在的。」從這種意義上來說，感覺當它尚未被外在的對象刺激時，只是一種潛在的認識能力；只有內在地包含著普遍概念的理性靈魂的思維活動，才是現實的認識。

亞里斯多德

　　亞里斯多德雖然承認理性靈魂中關於一般原理和原因的知識不能脫離感覺經驗，但是他卻把感覺經驗僅僅當作普遍知識的觸媒，而不是它們的來源。在他看來，科學的第一原理和基本概念，如數學公理、形式邏輯的思維規律等，都是潛在於理性靈魂之中的，只是透過感覺經驗的刺激才被理性直觀到（在這裡可以看到柏拉圖「回憶說」的明顯痕跡）。因此，普遍知識就其根本而言是先驗的。亞里斯多德把理性靈魂（努斯）區分為兩種狀態，一種是受到肉體遮蔽的消極被動的理性靈魂，它以外界事物為對象，建立在感覺、記憶和經驗的基礎之上，隨著身體的死亡而消失；另一種是積極能動的理性靈魂，它擺脫肉體束縛，只以自身為對象，只思維不涉及任何質料的「純形式」，在這裡，「思維者和被思維者是一樣的；因為思辨的知識和它的對像是一樣的」。這種積極能動的理性靈魂是永恆的精神實體，它並不隨著身體的死亡而消失，而是從「外部」進入身體的神聖精神的閃光，正是它使得潛在於靈魂中的普遍原理成為現實的知識。顯然，亞里斯多德關於有死靈魂與不死靈魂的劃分是對德謨克利特和柏拉圖的靈魂學說的一種調和，德漠克利特認為構成靈魂的原子隨著身體的死亡而徹底消散，因此根本就不存在什麼「不死的靈魂」；柏拉圖主張靈魂可以在不同的肉體之間進行輪迴，因此靈魂就其本性而言是不死的。亞里斯多德則試圖以一種折中的方式把這兩種對立的靈魂學說協調起來。但是他同時又強調，積極能動的理性靈魂只存在於自由人身上，奴隸作為「會說話的工具」只具有消極被動的靈魂。

　　邏輯學亞里斯多德是傳統形式邏輯的奠基人，他建立了範疇表和謂詞表，提出了邏輯思維的三大規律（同一律、矛盾律、排中律），確定了判斷的定義和分類，制定了演繹三段論推理的主要格式和規則，並且說明了演繹與歸納的關係。亞里斯多德不僅注重邏輯的形式，而且也時常

聯繫認識的內容來探討思維的形式，因此在他的形式邏輯中包含著豐富的辯證因素，邏輯學並未與認識論、本體論分家，不像後來的經院哲學那試片面地將形式邏輯推向形式主義的極端。傳統形式邏輯關於概念、判斷和推理的基本內容，在亞里斯多德那裡已經得到了相當精確的表述。尤其是演繹邏輯，自亞里斯多德以來深刻地影響了西方思想達兩千年之久。

亞里斯多德把邏輯形式和規律看作是客觀事物存在的形式和規律在主觀思維中的反映，把主謂判斷看作是客觀世界中個別事物與一般概念（屬和種）之間的關係，或者實體與屬性之間的關係。他將謂詞分為兩大類，即屬於定義的部分和不屬於定義的部分。前者是對事物本質的規定，如「人是有理性的動物」；後者則僅僅表示事物的某種性質，如「蘇格拉底是白的」。在《正位篇》中，他又根據謂詞所表述的內容將謂詞細分為五類：種、屬差、定義、屬性（專有性質）和偶性（非專有性質）。例如，對於主詞「人」，可由這五類謂詞來加以表述：「動物」是種，「有理性的」是屬差，「有理性的動物」是人的定義，這三類謂詞都是對「人」的本質的規定，屬於定義的部分；「能學習語法」是人的專有屬性，「白色的」則是人的偶性，這兩類謂詞只是對「人」的某種性質的表述，不屬於定義的部分。儘管有以上差別，但是所有的謂詞都是對主詞的規定，從客觀存在的角度來說都是對事物的本質或性質的表述，因此謂詞必須依存於主詞（客觀事物）本身，它們不能獨立地存在。

亞里斯多德在對客觀存在進行歸納和抽象的基礎上，提出了著名的十範疇表，它們是對謂詞以及謂詞所反映的客觀存在的最高或最普遍的分類，也是思維的最基本的內容。這十個範疇是：實體（如「人」或「馬」），數量（如「二尺長」或「三尺長」），性質（如「白色的」），關

係（如「二倍」、「一半」、「大於」），地點（如「在市場上」、「在呂克昂」），時間（如「昨天」、「去年」），姿態（如「坐著」、「躺著」），狀態（如「穿鞋的」、「武裝的」），動作（如「切割」、「燒灼」），遭受（如「被刺」、「被燒灼」）等。這十個範疇（後來又增添了五個）是相互聯繫的，其中實體範疇是最基本的範疇，它構成了其他一切範疇的主體、基礎和中心，其他範疇都是對實休的述說，必須依賴於實體而存在。亞里斯多德不僅把範疇當作邏輯思維和語言表達的基本單位，同時也把它看作客觀存在的最基本的形式和最普遍的聯繫。這樣一來，亞里斯多德就不僅克服了畢達哥拉斯派將諸範疇彼此孤立地加以考察的局限性，使各種範疇處於相互聯繫和彼此從屬的關係之中，進一步發展了柏拉圖「通種論」中的辯證思想，而且也把主觀邏輯與客觀邏輯統一起來，辯證地表述了思維與存在的同一性。

在判斷理論上，亞里斯多德對判斷進行了初步的分類，提出了「質」的判斷即肯定判斷和否定判斷，「量」的判斷即全稱判斷和單稱判斷，「關係」的判斷即簡單判斷和複合判斷，「模態」判斷即突然的、必然的和可能的判斷，這些對後來康德的「先驗邏輯」產生了巨人的影響。但他尚未把判斷的系詞「是」從純粹邏輯意義上作形式化的理解，而是同時理解為一個謂詞（如「人是」意味著「人存在」），表示肯定一個事實為真；或理解為時態動詞：「因為『是』、『將是』、『曾是』、『正將要是』以及諸如此類的用語，按照我們的定義乃是動詞，因為除它們的特殊意義之外，它們還表達了時間的概念。」但「存在（是）與時間」的這種本體論的聯繫，到兩千年後的海德格爾那裡才得到深入的研究。

但亞里斯多德最為看重的是他對演繹三段論推理法則的制定，這一貢獻使邏輯具有了精密量化的特點，因而成為了具有現實可操作性的形

式化工具。三段論式的定義是：「三段論是一種論說，在其中某些東西被肯定了，另外一個東西就必然由於這些基本的東西而成立。」它的最基本的形式為：大前提、小前提和結論這三個判斷中每個判斷都有一個詞與另一判斷中的一個詞輾轉重疊，因而共同表達了三個詞之間的這樣一種必然關係，即如果最後的詞包含在中間的詞裡，中間的詞又被第一個詞所包含（或排斥），那麼「最先和最後的詞就必定借一個完全的三段論式而發生關係」。這稱之為三段論的「第一格」。其他三個格（後人補充為四個格）都是在此基礎上變動三個詞在判斷中的位置而形成的，再加上肯定和否定、全稱和特稱的關係，每個格又變化出一些不同的「式」（共24個）。所有這些格或式都可以透過一套確定的規則還原為第一格，所以第一格也就成為檢驗三段論是否正確的標準了。

但三段論是否能得出真理，還取決於大小前提的真實性，這卻是演繹三段論推理所不考慮的，它所考慮的只是從已知的知識推出正確的結論，因而只是「證明」。如何能保證前提的真實性？為解決這一問題，亞里斯多德又提出了另外兩種不同性質的三段論，即辯證的三段論和歸納三段論。前者是要透過兩個截然相反的三段論互相辯難來推翻對方的前提，以考驗三段論的提的真實性，其作用是批判（這裡已包含有康德「先驗辯證論」的先聲）；後者則是透過對感性知覺的處理來獲得真實的前提，以便為一切學術研究建立可靠的基礎。「如果沒有感性知覺，就必然缺乏知識；假如我們不善於應用歸納法或證明，就不能獲得知識。證明從一般出發，歸納從個別出發。要認識一般，如沒有歸納法是不可能的。」但列舉歸納永遠是或然性的，因而是值得懷疑的，所以他又提出了「完全歸納」來賦予歸納以必然性。但後人指出，完全歸納法實際上並不能獲得新知識，而只是循環論證，其結論不過是把前提中已說出的

東西重說一遍而已。亞里斯多德認為歸納既然不具有必然形式，它就只是「演講術的說服形式」，不如演繹三段論科學。

最後，亞里斯多德還把三段論的證明的確定性追溯到三條邏輯公理，即矛盾律（或「不矛盾律」）：「互相矛盾的判斷不能同時為真」；排中律：「兩個互相矛盾的命題之間不能有居中者」；同一律：「一切真實的（事物）必在任何方面其自身始終如一」。他認為這些公理是憑直觀即可確認的，用不著證明。這就是形式邏輯的最高原則。

倫理學與蘇格拉底一樣，亞里斯多德在倫理學中主要探討了善與美德的問題。但是他反對蘇格拉底把美德僅僅等同於知識的觀點，而主張有兩種美德，一種是心智方面的，即知德；另一種是道德方面的，即行德。心智方面的美德主要是指一種沉思的生活，它以理性沉思活動本身作為目標，對思想加以思想，並從這種活動中獲得悠閒自適而且持久不變的愉悅，這是一種最高的幸福。亞里斯多德說：「哲學智慧的活動恰是被公認為所有有美德的活動中最愉快的」，「對於人，符合於理性的生活就是最好的和最愉快的，因為理性比任何其他的東西更加是人。因此這種生活也是最幸福的。」這種生活是與人身上最好的東西即神聖的理性打交道，也就是在和神打交道。

在淡到道德方面的美德時，亞里斯多德提出了他的「中庸」學說。他指出，人的靈魂包括三個部分，即激情、官能和性格狀況。激情是指慾望、憤怒、恐懼、快樂等伴有愉快和痛苦的感覺，官能是指我們藉以體驗上述感覺的東西，性格狀況則是指我們如何對待和處理這些激情的方式。亞里斯多德認為，激情和官能都談不上是美德，只有性格狀況才存在美德和惡行的問題。一個人如果能以一種不偏不倚、執兩用中的態度來對待激情，這就是美德。亞里斯多德明確指出：「美德乃是一種中庸

之道……它乃是以居間者為目的的。」「過度和不足乃是惡行的特性，而中庸則是美德的特性。」

關於亞里斯多德的「中庸之道」，有幾點需要略作說明：第一，「居間者」是相對於不同主體而言的，並不存在一個絕對的平均數，必須針對一個人的具體情況來加以判斷。第二，美德作為一種中庸之道，是與「過度與不足」這兩端相對立的，因此它也可以被看作是一個極端。例如，「勇敢」是「魯莽」與「怯懦」之間的居間者，同時也是與這二者相對立的一個極端。第三，中庸既非不足中的中庸，亦非過度中的中庸，某些由於不足和過度而導致的惡行本身並不存在一箇中庸的問題，例如通姦、偷盜和謀殺等行為。同樣，美德作為一種與過度和不足相對立的極端，本身也不存在過度和不足的問題，例如「勇敢」本身並不存在過度的勇敢或不足的勇敢。因此亞里斯多德強淍，既沒有一種過度和不足的中庸，也沒有一種中庸的過度和不足。

亞里斯多德的「中庸」學說也表現在他的政治學思想中，面對著動亂頻仍、危機四伏的希臘城邦制度，亞里斯多德既反對少數寡頭的專制制度，也反對平民掌權的民主政治。他認為貧富懸殊和強弱對立是導致各種政變和暴亂的根本原因，因此一個理想的城邦社會應該由那些既不十分富有、也不十分貧窮的中產階級來當政。這些人由於財產適度，所以「最容易遵循合理的原則」，從而在貧富兩個敵對階級中有效地發揮「仲裁者」的作用，保證國家的安定與繁榮。

除了上述領域之外，亞里斯多德在文藝理論、修辭學等方面也頗有造詣，他是西方傳統美學中「摹仿論」原則的確立者，他關於戲劇的「三律」和「淨化」學說一直影響到 18 世紀的戲劇理論。他不愧為古往今來「最多才最淵博（最深刻）的科學天才之一」（黑格爾語）。從古希

臘哲學發展的脈絡來看，亞里斯多德哲學是對一直處於對立狀態之中的
希臘經驗性的自然哲學與理性思辨的邏各斯學說這二者的綜合。正是由
於這種綜合，使得亞里斯多德哲學一方面超越了古希臘兩派哲學之間的
思想衝突，並在此基礎上建立起一個集以往一切思想之大成的形而上學
體系；另一方面也使得他的哲學體系在唯物主義和唯心主義、經驗主義
和理性主義之間表現出折中動搖的特點，自身潛藏著許多難以解決的矛
盾。黑格爾認為：「亞里斯多德是熟識最深刻的思辨、唯心論的，而他的
思辨的唯心論又是建立在廣博的經驗的材料上的。」但是自從亞里斯多
德之後，「經驗的材料」與對它們的「思辨的」把握越來越分離，最終導
致了他的龐大體系的解體。

伊壁鳩魯學派

　　伊壁鳩魯 (Epicurus，前 341- 前 270) 生於薩摩斯，自幼家境貧寒，18 歲時曾一度來到雅典服兵役，並努力研究柏拉圖哲學和德謨克利特哲學。西元前 306 年伊壁鳩魯再次來到雅典，在一所花園裡創辦了自己的學校。在「花園」裡，他不僅向學生們傳授哲學知識，而且也與他們一起討論政治和社會問題。他把一切社會弊病的根源歸結為馬其頓的統治，認為只有推翻馬其頓的統治、恢復城邦制度才是解決各種社會問題的「靈丹妙藥」。伊壁鳩魯為人敦厚、勤奮好學，心志淡泊、作風節儉，深受學生們的愛戴和崇敬。他的著述頗豐，據說有 300 多部，然而至今卻僅存留一些殘篇和三封書信。

　　伊壁鳩魯明確表示哲學的目的就在於「尋求生活寧靜之道」，哲學是透過論辯和討論的方式來獲得幸福生活的一種活動，它可以消除心靈的煩惱和恐懼。心靈的煩惱和恐懼是由於三方面的原因產生的：一是奇異天象即自然災害所引起的痛苦，二是對死亡的懼怕，三是人際矛盾與衝突。面對著由於天象、死亡、他人所引起的各種煩惱和恐懼，伊壁鳩魯主張透過對各種自然現象和社會現象的研究來達到內心的寧靜，他在原子論宇宙觀和感覺主義認識論的基礎上提出了一種「快樂論」的倫理學。

　　原子論的宇宙觀伊壁鳩魯繼承了德謨克利特的原子論，主張世界萬

物都是由原子與虛空構成的。伊壁鳩魯的改進在於,他認為原子除了有德謨克利特所說的形狀、次序、位置等方面的差異之外,還有重量上的區別,原子在虛空中進行直線下降運動的原因就在於它有重量。與亞里斯多德認為物體的重量與自由下落的速度成正比的觀點相反,伊壁鳩魯認為原子的重量並不影響它在虛空中的運動速度,在伽利略以前兩千年就提出了自由落體的原理。他說:「當原子在虛空裡被帶向前進而沒有東西與它們衝撞時,它們一定以相等的速度運動。因為當沒有東西與它們相遇時,重的原子並不比小的和輕的原子運動得更快;而當沒有東西與它們相撞時,小的原子也不會比大的原子更快,它們的整個行程是等速的。」

除了主張原子有重量上的差別之外,伊壁鳩魯還作了另一個更重要的改進,即提出了原子有偏斜運動的思想。德謨克利特由於片面地強調原子運動的必然性而導致了一種宿命論的觀點。伊壁鳩魯則認為,原子不僅具有進行直線下降 運動的必然性,而且也具有發生偏離運動的偶然性,原子在由於重量而降落的過程中由於自身的原因而發生偶然「偏離」,才能與其他原子相碰撞而形成漩渦運動,組合成世間萬物。這就首次真正把運動的原因歸於物質的內部,擺脫了德謨克利特從外部無法解釋運動的最終來源的困境。馬克思在其博士論文中指出,伊壁鳩魯透過原子的偶然偏斜運動而高揚了個體的能動性和自由意志。

在伊壁鳩魯看來,萬事萬物都是由原子構成的,甚至連神也不例外。宇宙間存在著許多彼此相似的世界,神就居住在各個世界的空隙之間,無憂無慮地生活著,從來不會去干預人間的事務。人世間的凶吉禍福與神沒有任何關係,只不過是原子的聚散離合而已。因此,一切天象都是自然現象,並不表達任何特殊的神靈意圖,也不具有任何超自然的

啟示意義，故而根本就不值得恐懼。由此可見，伊壁鳩魯的原子論宇宙觀導致了一種無神論的結論。

感覺主義的認識論與德謨克利特推崇理性、輕視感覺的觀點不同，伊壁鳩魯在認識論上倡導感覺主義。他把感官稱為「真理的報導者」，主張「永遠要以感覺以及感觸作根據，因為這樣你將會獲得最可靠的確信的根據」，伊壁鳩魯接受了德謨克利特的「影像說」，認為認識的發生是外物影像作用於感官的結果，但是他卻把感覺本身視為具有真理性的，否定了感覺的「約定俗成說」。他主張沒有任何東西可以駁倒感覺——相同的感覺駁不倒相同的感覺，不同的感覺也駁不倒不同的感覺；至於概念，由於它既不同於感覺，又依賴於感覺，岡此就更不可能駁倒感覺了。對於伊壁鳩魯來說，感覺本身無所謂錯誤，錯誤只存在於我們對感覺所作的解釋和判斷之中。他並不否定理性，但認為感覺是理性的準則，這就是他的「準則學」。

伊壁鳩魯把靈魂說成是由一種非常精細的原子構成的東西，它一部分集中於心中，另一部分則散布在全身。靈魂的主要功能就是感覺，但是靈魂的感覺功能必須以身體作為基礎，身體一旦死亡，靈魂也就隨之消散，靈魂的感覺功能也就不復存在了。因此，死亡並不值得恐懼，因為當我們活著的時候不會感覺到死亡的痛苦，而當我們死了之後則不會再有任何痛苦的感覺。「死對於我們無干，因為凡是消散了的都沒有感覺，而凡無感覺的就是與我們無干的。」

「快樂論」的倫理學伊壁鳩魯在倫理學上以提倡「快樂論」而著稱，西塞羅以後的羅馬人通常把伊壁鳩魯學派的「快樂」理解為一種肉體上的放縱，「伊壁鳩魯主義」也就成為了「享樂主義」和「縱慾主義」的同義詞。但是伊壁鳩魯本人並非一個這種意義上的「伊壁鳩魯主義者」，他

所追求的「快樂」並不是聲色犬馬的放蕩，而是指肉體上的淡泊和精神上的安寧。伊壁鳩魯把快樂與善相聯繫，他明確表示：「當我們說快樂足一個主要的善時，我們並不是指放蕩者的快樂或肉體享受的快樂……我們所謂的快樂，是指身體的無痛苦和靈魂的無紛擾。不斷地飲酒取樂，享受童子和婦人的歡樂，或享用有魚的盛筵，以及其他的珍饈美饌，都不能使生活愉快；使生活愉快的乃是清醒的靜觀，它找出了一切取捨的理由，清除了那些在靈魂中造成最大的紛擾的空洞意見。」因此，快樂的根本在於心靈的寧靜，這種心靈的寧靜建立在人們對自然世界和社會生活的清醒認識之上。

伊壁鳩魯把快樂等同於幸福，他認為消除對神靈、死亡的恐懼利節制自己的慾望，是獲得奉福快樂的必要條件。此外，為了消除對他人的恐懼，處理好人際關係，伊壁鳩魯倡導人們透過約定來建立「自然的公正」，它的目的在於防範人們相互傷害。他說：「公正沒有獨立的存在，而是由相互約定而來，在任何地方，任何時間，只要有一個防範彼此傷害的相互約定，公正就成立了。」正是這種約定或契約關係構成了法律、正義和國家賴以建立的基礎。伊壁鳩魯是繼普羅達哥拉斯之後推進了社會契約論思想的希臘思想家，這種約定論或契約論的社會政治觀與他在本體論上強調偶然性和個體自由意志、在認識論上強調感覺主義、在倫理學上強調快樂論的思想態度是協調一致的，都表現了一種古代世界的啟蒙傾向。

從以上分析可以看到，伊壁鳩魯本人的「快樂論」完全不同於羅馬人的縱慾主義，但是他關於「快樂」的否定性定義（「身體的無痛苦和靈魂的無紛擾」）卻表現了一種具有濃郁的末世論色彩的消極倫理觀。後來的伊壁鳩魯主義者把伊壁鳩魯的倫理學概括為醫治心靈的「四藥方」，即

「神不足懼，死不足憂，樂於行善，安於忍惡」。到了羅馬帝國時期，伊壁鳩魯主義就日益由一種恬淡寡慾的精神快樂哲學轉化為一種恣肆放蕩的肉體享樂主義，伊壁鳩魯對世界的清明理智只有在盧克萊修 (前 99- 前 55) 那裡還保留著，後者在其長詩《物性論》中將伊壁鳩魯的唯物主義原子論系統化了。

斯多葛學派

─ 早期斯多葛學派 ─

　　與伊壁鳩魯學派一樣，斯多葛學派也是一個從希臘化時期一直延續到羅馬帝國時期的哲學派別。在長達數百年的時間裡，斯多葛學派的思想內容也在逐漸地發生著變化，但是與伊壁鳩魯主義相比，斯多葛主義的基本內涵卻顯得相對穩定得多。斯多葛學派的創始人是出身於塞普勒斯島的芝諾 (Zero，約前 336- 前 264，注意不是愛利亞派的芝諾)，他早年潛心於赫拉克利特哲學，深受其火本原說和邏各斯思想的影響，後來又因仰慕蘇格拉底而對犬儒派、麥加拉派和柏拉圖學園派的思想進行過深入的研究。西元前 294 年，芝諾在雅典創辦了自己的學園，由於該學園設在一條有壁畫的長廊下，在希臘語中，「畫廊」一詞 (στοɑ) 的旨譯為「斯多亞」，芝諾的學園因此而得名為斯多葛 (亞) 學派，即畫廊學派。早期斯多葛學派的主要代表除芝諾外，還有克利安提斯 (Cleanthes，前 331- 前 232)、克呂西普 (Chrisippus，前 280- 前 206) 等人。他們在認識論上承認感覺是一切知識的來源和真理的標準，具有感覺論的傾向，但又主張有一種「內部感覺」，即天賦的清楚明白的理性，一切判斷最終要由它來衡量。他們由此轉向了理性主義甚至泛理論。與伊壁鳩魯一樣，早期斯多葛學派也把追求心靈上的安寧和「不動心」作為哲學的目標，

但他們宣揚的是一種透過理性節制慾望的倫理學。不過，在早期斯多葛派中，片面抬高倫理學地位的傾向還不明顯。他們把哲學分為邏輯學、倫理學和自然哲學三個部分，而對邏輯學的研究尤為深入，進一步完善了亞里斯多德的邏輯學，並開拓了命題邏輯的領域。

早期斯多葛學派把赫拉克利特的「火」加以神祕化，將其說成是一種有靈魂的東西或「能思想的火氣」，把「邏各斯」說成是「神聖的」火的理性，即世界理性，也就是神或宙斯。他們認為世界是一個和諧有序的整體，萬物都受著嚴格的必然性規律的支配，這規律是由神或「邏各斯」所決定的，它構成了萬物必須服從的「天道」或「命運」。「世界大火」的燃燒和熄滅導致了世界的周而復始的產生與毀滅，這是一個無窮無盡的過程，每一個產生出來的新世界都與毀滅了的舊世界沒有任何實質性的差別，它們都遵循同一個「世界理性」，所以人活一世就等於活萬世。人與世界萬物一樣，也遵循同一自然規律和世界理性。每一個人的理性都是世界理性的一點火花，它們具有同構性，因此每一個人都可以藉助於理性而認識到自然規律和客觀真理。斯多葛學派認為一切人彼此是兄弟，有著共同的起源、命運和法律，人人平等，都是「世界公民」（早期斯多葛派是親馬其頓派，主張不同民族、階級彼此和睦友善的世界主義）。

斯多葛派在倫理學上認為，人們自覺地服從「邏各斯」和「命運」，就是服從自己的理性和實現自己的本性，這就是他們所理解的「自由」。他們所看重的德性是樸素、嚴肅、剛毅、節制，不主張同情、憐憫和傷感。克呂西普在《論主要的善》中認為：「因為我們個人的本性都是普遍本性的一部分，因此，主要的善就是以一種順從自然的方式生活，這意思就是順從一個人自己的本性和順從普遍的本性；不作人類的共同法律

慣常禁止的事情，那共同法律與普及萬物的正確理性是同一的，而這正確理性也就是宙斯，萬物的主宰與主管。」與伊壁鳩魯學派把快樂等同於奉福的觀點相反，早期斯多葛學派主張美德就是幸福，他們認為，只有順應自然、服從命運才是道德的生活，也才是幸福的生活。因此，人生在世應當透過理性擺脫一切快樂、慾望、恐懼和悲哀的紛擾，對於現實世界採取一種清心寡慾、無動於衷的生活態度。

─ 晚期斯多葛學派 ─

到了羅馬帝國時期，隨著暴戾恣睢的羅馬人在實踐方面越來越深地陷入到縱慾主義的泥淖，斯多葛學派也相應地採取了一種越來越偏激的禁慾主義姿態。羅馬共和國末期的元老、著名思想家和雄辯家西塞羅 (Cicero，前 106- 前 43) 在把斯多葛派的觀點介紹給羅馬人部分，做了大量的宣傳。儘管他本人自稱為一個柏拉圖學園派的信徒，而非一個斯多葛主義者，但是他卻以一種同情和理解的方式轉述了斯多葛學派的主要觀點。晚期斯多葛學派的主要代表是羅馬大臣塞涅卡 (Seneca，前 4-65)、奴隸愛比克泰德 (Epictetus，55-135) 和羅馬皇帝馬可·奧勒留 (MarcusAurelius，121-180)，他們雖然地位殊異，但是基本思想卻是完全一致的。順應自然和服從命運仍然是晚期斯多葛派的基本觀點，只是其基調比早期斯多葛派更加陰鬱、更加悲觀。他們取消了奴隸和主人在人格上的差別，甚至主張應當寬恕你的敵人，對後來的基督教產生了很重要的影響。

塞涅卡在批判亞里斯多德「四因說」的基礎上提出宇宙只有一個原因，這個原因就是宇宙的「創造者」即神。既然神是世界的唯一原因，因此服從神的天命也就是人的唯一明智的選擇。塞涅卡的名言是：「願意

的人，被命運領著走；不願意的人，被命運拖著走。」由此可見，「服從神就是自由」，而背離神的意願則是一切痛苦的根本原因。塞涅卡明確地提出了「順應自然，服從命運」的觀點，他主張面對一切慾望和激情的騷擾而採取「不動心」的態度。據說他在每天晚上睡覺之前都要對靈魂進行反省，以便消除內心深處各種粗鄙的雜念，以一種寧靜心情進入夢境，從而實現靈魂與純淨廣宇的神祕合一。但是塞涅卡本人對於他所宣揚的禁慾主義並不實行，他聚斂錢財成為羅馬首富，享盡了一個羅馬大臣和帝王師的種種榮耀奢華，最後卻被他的學生暴君尼祿嫉妒而賜死。

　　愛比克泰德是一位才華出眾和精通哲學的羅馬奴隸，後來由於受到主人的賞識而被釋放為自由人。早年的奴隸處境使愛比克泰德非常強調承受苦難的堅忍精神，他把這種忍耐苦難的精神與一種宿命論觀點結合起來，大力宣揚服從命運的思想。他認為世間的一切好運和厄難都是神的特殊旨意的結果，因此我們應當以一種主動「配合」的方式來對待疾病、死亡、殘廢等災難，正如我們應當以同樣的方式來對待好運一樣。愛比克泰德指出，引起人們恐懼的並不是災難本身，而是人們對於災難的觀點，如果把災難當作一件自然現象而泰然處之，人們就不會自尋煩惱了。「所以，當我們受到阻礙，或者被擾亂，或者陷入憂愁時，我們絕不要把它歸咎於別人，而要歸咎於我們自己，就是說，歸咎於我們自己的觀點。由於自己的不幸而譴責別人，是一個沒有教養的人的行為；如果譴責自己，那就是一個正在進入教養的人的行為；而既不譴責別人也不譴責自己，則是一個受過完滿教養的人的行為。」整個宇宙都是由神公正地管理著的，服從神靈、順應自然就是智慧和善的表現。一個人的能力是命定的，人只能做他力所能及的事，而不要僭越本分，庸人自擾。每個人在社會中扮演的角色也是命中注定的，人生在世就像舞臺上

的演員，只要按照劇本的事先安排演好自己的角色，無論演主角還是演配角，演悲劇還是演喜劇，演三幕還是演五幕，都是一部完整的戲劇。人生之劇的劇情是神預先安排好了的，它包含著神的特殊目的。因此面對順境時不要沾沾自喜，面對苦難時也不要怨天尤人。「好好地運用在我們能力範圍之內的東西，別的就聽其自然吧。『自然』是什麼意思呢？就是神的願望。」

晚期斯多葛派的另一位代表人物是馬可‧奧勒留，他是羅馬帝國黃金時代 —— 安東尼王朝的一位較為賢明寬厚的帝王，因熱愛哲學被時人稱為「御座上的哲學家」。他所撰寫的《沉思錄》一書是其內心思想的獨白。與塞涅卡和愛比克泰德相比，奧勒留的思想更加陰鬱。在他看來，人只是浩瀚無邊的宇宙中的一個微不足道的可憐生物，宇宙的廣袤無垠與人生的短暫渺小形成了鮮明的對比。「在人的生活中，時間是瞬息即逝的一個點，實體處在流動之中，知覺是遲鈍的，整個身體的結構容易分解，靈魂是一渦流，命運之謎不可解，名聲並非根據明智的判斷。一言以蔽之，屬於身體的一切只是一道激流，屬於靈魂的只是一個夢幻，生命是一場戰爭，一個過客的旅居，身後的名聲也迅速落入忘川。」在這種情況下，人對宇宙秩序的任何反抗都是徒勞無益的。奧勒留還從宇宙萬物的普遍聯繫以及整體與部分的關係來論證人應該服從命運、安於現狀，不要破壞了宇宙的整體和諧。他認為，一切事物都處於生滅變化的往復輪迴之中，一個人在一百年、兩千年或者無限的時間裡看到的都是同樣的東西，長生不老者和瀕於死亡者失去的也是同樣的東西。人生除了「現在」之外，一無所有，也一無所尖。奧勒留在《沉思錄》裡用極其優美的語言表達了他對於人生的悲觀態度：「總之，要始終注意屬人的事物是多麼短暫易逝和沒有價值，昨天是一點點黏液的東西，明天就將

成為木乃伊或灰塵。那麼就請自然地透過這一小段時間，滿意地結束你的旅行，就像一棵橄欖成熟時掉落一樣，感激產生它的自然，謝謝它生於具上的樹木。」

　　晚期斯多葛學派對於現世生活的悲觀態度與新興基督教的天國理想不期而遇，它所宣揚的「服從命運」、「忍受苦難」的禁慾主義及人人平等思想也與基督教的救贖福音頗為契合，因此之故，斯多葛學派的哲學成為基督教神學的重要思想來源之一。

懷疑主義

　　懷疑主義與伊壁鳩魯學派、斯多葛學派被黑格爾統稱為希臘化時期的三個「自我意識的哲學」。與另外兩派一樣，懷疑主義也追求心靈的寧靜，但是他們的懷疑其實是為人生哲學而作的一種探索和詰問，因而被稱之為「研究派」。他們認為導致心靈紛擾的根本原因在於人們在認識方面的獨斷論態度，即片面地執著於某一種立場或觀點，從而使自己陷入了永無止境的論辯的煩惱中。黑格爾認為，伊壁鳩魯學派和斯多葛學派都是獨斷論者，逍遙派（亞里斯多德學派）也是如此，懷疑主義卻與所有的這些獨斷論派別針鋒相對（柏拉圖的學園派則游移於二者之間）。「斯多葛派哲學把抽象思維當成原則，伊壁鳩魯派把感覺當成原則；而懷疑主義則是對於一切原則持否定態度，而且是行動性的否定。其結果首先就是原則不可能被認識。」在思想源淵上，懷疑主義沿襲了普羅達哥拉斯關於「一切理論都有其對立的說法」的觀點，認為任何一種感覺或命題都有其相反者存在。因此，執著於任何一種感覺或命題都會使人陷入無休無止的爭辯中，最好的辦法是在兩種相反的觀點之間保持中立，對哪一方都採取一種審慎的懷疑眼光，堅持「不發表任何意見」和「不作任何判斷」的態度，這才是實現「靈魂的安寧」的「最高的善」。

― 早期懷疑主義 ―

早期懷疑主義的創始人是愛利斯城邦的皮浪 (Pyrrhon，約前 360- 前 270)，他早年曾師從德謨克利特的繼承者阿那克薩庫，並參加亞歷山大的東征軍隊到過印度。皮浪的基本思想是：「不作任何決定，懸置判斷。」在留存至今的著作殘篇中，皮浪明確地表示：「萬物一致而不可分別。因此，我既不能從我們的感覺也不能從我們的意見來說事物是真的或假的。所以我們不應當相信它們，而應當毫不動搖地堅持不發表任何意見，不作任何判斷，對任何一件事物都說，它既不不存在，也不存在，或者說，它既不存在而也存在，或者說，它既不存在，也不不存在。」「最高的善就是不作任何判斷，隨著這種態度而來的就是靈魂的安寧，就像影子隨著形體一樣。」皮浪不僅在認識上堅持不作判斷的態度，而且也把這種「不動心」的態度表現在生活實踐中。據說有一次，皮浪在海上航行時遇上了風暴，同船的人都驚慌失措，皮浪卻指著一頭正在安靜吃食的豬對眾人說，哲人應該像這頭豬一樣，對任何事情都不動心。據記載，皮浪常常會做出些出格的事，如用頭對著牆壁衝過去，或是故意站在馬車飛馳的車道下，他的朋友們不得不總是跟著他，隨時將他從各種危險中救出來。但是另外有人說，皮浪只是在哲學上堅持不作判斷的態度，在日常生活中他仍然是非常謹慎的，乃至於活到了 90 歲高齡。無論如何，早期懷疑論對自己的懷疑也抱有一種懷疑態度，不是以身試法，以慘烈的方式去試探和檢驗它，就是對之保持一種可望而不可及的距離。因而他們看起來外表瀟灑，內心其實是很痛苦的。

― 晚期懷疑主義 ―

晚期懷疑主義者主要為生活在羅馬帝國時期的埃奈西德穆 (Aenc-sidemus)、阿格里帕 (Asrippa)、塞克斯圖斯・恩丕里柯 (Sextus Empiricus) 等人，他們將早期懷疑主義的觀點進一步深化和理論化、系統化，並且把懷疑的對象從感覺轉向了理性本身。埃奈西德穆在皮浪「懸置」判斷的基礎上提出了懷疑感覺可靠性的 十個「老論式」：(1) 不同的動物由於器官結構不同，對於同一對象會產生不同的表象和感覺，我們無法辨明孰真孰假；(2) 作為同一物種的人，由於各自的身體狀況不同，對於同一事物的感覺也不相同；(3) 同一個人，用不同的感官去感知同一對象，會有不同的感受；(4) 同一個人，當他處在不同的狀態中時，對於同一對象也會有不同的感受；(5) 一個人從不同的位置、距離、角度來觀察同一個對象，會有不同的感覺；(6) 當被感覺對象與不同的其他事物混雜在一起時，所給予我們的感覺是不同的；(7) 被感覺對象本身處於不同的狀態中時，也會給予人以不同的感覺；(8) 被感覺對象的某些性質是相對的，因此我們對它們的感覺也是相對的；(9) 被感覺對象出現的頻繁還是稀少，會給人帶來不同的感受；(10) 生活在不同的倫理規範、習俗和法律制度下的人，對於同一事物會有完全不同的看法。這些論式除了第十個之外，都是旨在從認識論的角度來懷疑感覺的可靠性，從而說明不作判斷的合理性。

塞克斯圖斯・恩丕里柯則提出了懷疑主義的五個「新論式」，試圖說明理性或邏輯自身的悖論：(1) 以認識世界為己任的愛智者 —— 哲學家們對於世界的看法各不相同，這種觀點的分歧恰恰說明了世界本身是不可知的；(2) 要確定某一對象或命題為真，必須為之提供根據，而這根據本身的可靠性和真實性，又需要進一步的根據來證實，這樣就必然會

陷入根據的無窮推進；(3) 事物總是處於各種關係之中，這些關係既包括判斷主體與判斷對象之間的關係，也包括判斷對象與其他事物之間的關係，這種複雜的關係使我們無法認識到事物本身的真相； (4) 我們要論證一個命題又不想陷入根據的無窮推進，就必須預先假設某種自明的公理，但是任何假設都可以有一個與之相反的假設，它同樣可以作為公理而存在（公理本身是不需要證明的），從而推出一個與待證命題正好相反的命題；(5) 為了避免根據的無窮推進，還可以採取結論與根據互為因果的方法，但是這樣又會陷入循環論證中，而循環論證是無法證明任何東西的。

與十個「老論式」一樣，晚期懷疑主義的這五個「新論式」也是旨在說明對象的不可知性，從而堅持對事物不作判斷的基本態度。然而與「老論式」不同的是，「新論式」涉及了邏輯系統本身的合理根據問題，以及思維的內在矛盾問題，黑格爾認為它們「屬於思維的反思，包括著確定概念本身的辯證法」。它們所揭示出來的理性自身的矛盾（以及「老論式」所揭示的感覺的矛盾），成為後世哲學家們在認識論方面努力去解決的重大理論問題，並且最終為辯證法進入認識論領域開闢了道路，使得哲學家們意識到矛盾本身也是認識的本質，正如它是存在的本質一樣。

新柏拉圖主義

　　新柏拉圖主義盛行於羅馬帝國後期 (西元 3 至 5 世紀)，它以柏拉圖哲學為思想基礎，融會了希臘化時期以後來自東方的各種神祕主義和信仰主義，構成了希臘形而上學向中世紀基督教神學轉化的重要理論仲介。新柏拉圖主義的思想可以追溯到西元前 1 世紀的一位希臘化猶太人斐洛 (Philo)，他曾經運用柏拉圖哲學對《聖經 · 創世紀》進行了一種隱喻性和神祕化的重新解讀。但是新柏拉圖主義的真正創始人是羅馬帝國的普羅提諾，他和他的學生波菲利使新柏拉圖主義成為基督教神學全面控制西方思想之前的最後一個古典哲學形態。

― 斐洛 ―

　　新柏拉圖主義的先驅斐洛 (Philo，約前 25-40) 被布魯諾 · 鮑威爾稱為「基督教教義之父」(塞涅卡則是「基督教的叔父」)，他是生長於亞裡山大裡亞的猶太人，熟諳猶太經典。他把希臘哲學和猶太神學結合起來，以柏拉圖的眼光到舊約聖經裡去尋求微言大義，並利用柏拉圖的「分離說」和神祕主義切斷了人的理性和神的一切關聯。他認為神是高於一切有限事物的，沒有任何描述能表達神 的完美和善，神是無名的、不可思議的。神和世俗事物之間只有靠一種「仲介存在者」即柏拉圖的「理念」才有聯繫，而理念就相當於猶太教的「天使」，它們結合成

邏各斯或「一」，代表神的理性和智慧，是神創造世界的工具。神的創世就是憑藉邏各斯從物質的混沌中整理出一個秩序來。物質代表邪惡和非存在，它構成人的肉體，人的靈魂則在肉體中輪迴，所以人生來就有犯罪的傾向，只有禁慾才能淨化靈魂。但最高的美德並不是禁慾，而是虔誠，因為一切善都歸於那不可言喻的神。所以他主張拋開一切知識，在一種無意識的「出神」狀態中接受更高的啟示。斐洛的這種粗糙的表達在普羅提諾那裡被精緻化了。

— 普羅提諾 —

普羅提諾 (Plotinus，204-270) 出身於埃及，早年曾跟隨亞歷山大的著名學者阿蒙尼烏斯 (Ammonius) 學習哲學 (有人把阿蒙尼烏斯說成第一個新柏拉圖主義者)，40 歲左右時來到羅馬創辦自己的學校，吸引了不少達官貴人，甚至包括加裡安皇帝和皇後，一時間影響極盛。普羅提諾生活的時代恰恰處於被吉本譽為「黃金時代」的安東尼王朝剛剛結束、戴克里先和君士坦丁的新秩序尚未建立起來的混亂狀態中，羅素把他稱為「古代偉大哲學家中的最後一個人」。面對著悲慘的現實狀況，普羅提諾像一個真正的柏拉圖主義者一樣把目光投向了現象背後的唯一真實的理念世界，投向了善與美的形而上學的永恆之域。他晚年所撰的 54 篇哲學論文由其弟子波菲利整理彙編為著名的《九章集》。

普羅提諾的形而上學建立在「太一」、「努斯」(又譯作「心智」、「理智」) 和「靈魂」這三個概念的神祕統一之上，三者的關係就如同基督教的三位一體的聖父、聖子和聖靈的關係一樣。「太一」是一個無法用定義的方式來加以表述的本原概念，它有時被稱為「神」，但比通常理解的人格化的神更為廣闊和原始，有時稱作「原初之善」。普羅提諾說：「它不是一個存

在，因為存在的東西有著存在的形式，而它是沒有形式的，甚至沒有靈明的形式。我這樣說，是因為創造萬物的『太一』本身並不是萬物中的一物。所以它既不是一個東西，也不是性質，也不是數量，也不是心智，也不是靈魂，也不運動，也不靜止，也不在空間中，也不在時間中，而是絕對只有一個形式的東西，或者無形式的東西，先於一切形式，先於運動，先於靜止。」這樣一個無以言狀的東西，上承色諾芬尼的不可規定的「一」（即「神」），下啟基督教中的「否定神學」，展現了西方哲學中的神祕主義傳統。

比「太一」次一等的實體即「努斯」或心智，它是「太一」因自身充盈而「流溢」的結果。「我們應當怎樣來想這些圍繞著『太一』的常住不變的本質的次等實體呢？我們應當把它想成一種從『太一』發出來的輻射，從常住不變的『太一』裡發出來，正如圍繞太陽的太陽光永遠不斷地從太陽裡產生出來，太陽的實體卻毫無改變和運動一樣。」因此，努斯是太一藉以顯示自身和認識自身的形式。普羅提諾有時候也把努斯稱作太一的「影子」，並且認為這「影子」與太一本身乃是同一個東西，不可定義的太一正是透過努斯而獲得了自身的規定性。

「努斯」(noue) 是展現為一的「太一」，它是一種整體性的精神，一切理念都是它創造的；當它進一步「流溢」而分化為多時就產生出諸多的「靈魂」(psyche)，這些靈魂居住於它們憑藉理念所創造的物質世界中，成為人的靈魂或其他自然生物的靈魂。再往下流溢位來的就是物質了，純粹的物質是純粹的黑暗，沒有理念賦予它們確定的形式，它們就是非存在。這整個是一幅世界墮落的圖景。然而，作為賦有靈魂的人來說，由於他本質上來源於一個更高的世界，所以他有一種要返回到太一的嚮往，每個靈魂都力圖透過與努斯的聯繫而窺見和分有太一。但由於靈魂又被肉體所拖累，它時時面臨滑向黑暗變成非存在的危險。而善的

生活就在於擺脫肉體邪惡的束縛，循著從實踐的美德（如政治）到理論的美德（如辯證法）到精神的沉思這樣一個方向上升，最後還要藉助於一種無意識的「出神」（「迷狂」）狀態，才能與神或太一直接融為一體。普羅提諾說：「擺脫了自己的身體而升入於自我之中；這時其他一切都成了身外之物而只潛心於自我；於是我便窺見了一種神奇的美；這時候我便愈加確定與最崇高的境界合為一體；展現最崇高的生命，與神明合而為一；一旦達到了那種活動之後，我便安心於其中；理智之中凡是小於至高無上者的，無論是什麼我都凌越於其上。」但普羅提諾承認，這種境界極難達到，他本人一生中也只有六次這樣的頓悟。

普羅提諾的三位一體的形而上學具有濃厚的思辨色彩，同時也帶有明顯的神祕主義成分。這種神祕主義成為基督教擯絕肉體享受、側重靈魂自由的神學思想的重要根源，併為超理性的信仰提供了理論支持。在一個基督教徒看來，普羅提諾的「太一」就是上帝，「努斯」就是聖子基督，「靈魂」則是滲透於每個信徒的信仰中的聖靈。太一透過流溢而呈現為努斯，這就是上帝的道成肉身；努斯分化為靈魂並與太一重新達到合一，這就是基督復活和在信仰中（以及宗教社團中）實現的靈魂救贖。無怪乎奧古斯丁認為，如果普羅提諾再晚生一點兒，只需「改動幾個字句，就是一個基督徒了」。

― 波菲利 ―

波菲利 (Porphyrios，233-304) 是敘利亞人，早年曾在雅典等地求學，262 年來到羅馬，不久後成為普羅提諾的學生。他也是普羅提諾的傳記作者和著作編纂者，並著有《亞里斯多德〈範疇篇〉引論》、《句要篇》等論文。

　　波菲利在《亞里斯多德〈範疇篇〉引論》中把柏拉圖與亞里斯多德的思想分歧歸結為關於共相性質的三個問題：(1) 共相 (種或屬) 究竟是獨立存在的實體，還是僅僅存在於人的思想之中？(2) 如果它們是實體，那麼它們究竟是有形的，還是無形的？(3) 如果它們是無形的，它們究竟是與可感事物相分離的，還是寓於可感事物之中？波菲利認為，這些問題是極其高深的，需要下很大的功夫才能進行研究。他本人對於這些問題並沒有給出答案，但是從這三個問題中可以看出柏拉圖主義與亞里斯多德主義的根本分歧。此外，儘管波非利本人對當時方興未艾的基督教持一種堅決的反對態度，曾專門撰寫了 15 卷的《反基督教》一書，但是他所提出的這三個問題後來卻成為中世紀基督教經院哲學中實在論與唯名論激烈爭論的焦點。

　　波菲利把東方神祕主義宗教與希臘理性主義哲學奇妙地結合起來，他一方面強調靈魂的罪惡本性，另一方面又大力宣揚淨化靈魂的道德學說和關於神恩的救贖論思想。他站在希臘哲學的立場上來反對基督教，同時又在靈肉二元論的基礎上把柏拉圖哲學與基督教神學連線起來；他激烈地批判了基督教以及希臘羅馬多神教的外在性的崇拜形式，同時卻在無意之中將希臘式的思辨精神輸人到基督教的內在血脈之中。到了基督教成為羅馬帝國的合法宗教甚至國教之後，新柏拉圖主義與希臘的其他各種哲學流派一樣，也遭受到了被排斥和被禁絕的命運，不得不掉頭向東方去尋求生存與發展。但是新柏拉圖主義的精神內涵卻深深地滲透於基督教的神學理論中，成為經院哲學崛起之前的基督教哲學 —— 教父哲學 —— 的主流意識。

中世紀的西方思想

中世紀的政治思想

中世紀一般是指 4 世紀到 15 世紀這個歷史時期。從 4 世紀中期開始，羅馬各地燃燒遍了人民起義的烽火，衝擊著奴隸制帝國的統治。西元 476 年，西羅馬最後一個皇帝被廢黜，標誌著羅馬帝國的滅亡。這也是歐洲奴隸制社會的結束；從而開始了漫長的封建制社會時期。在整箇中世紀，宗教權力和世俗權力進行著長期的鬥爭。到了 10 世紀，西方的經濟和人口再度上升，中世紀進入了興盛期。文化上也恢復了創造力，宏偉的羅馬式、哥德式教堂建設了起來。首先，我們來看看中世紀的政治思想。

― 基督教的服從和一僕二主 ―

在中世紀早期，基督教徒對政治和哲學的看法與異教徒並沒有很大差別。因此無論基督教徒還是斯多葛派都可以相信自然法，相信世界受神的意志的統治，相信法律和政府有切實維護正義的義務，並相信所有人在上帝心目中是完全平等的。基督教的創立者甚至把基督教徒尊重合法當局的義務深深地刻於基督教的教義之中。當法利賽人試圖欺騙耶穌，要他反對羅馬政權時，耶穌說了這樣一句令人難忘的話：「凱薩的物當歸給凱薩，上帝的物當歸給上帝。」聖保羅也有一段宣言：「在上有權柄的，人人當順從他，因為沒有權柄不是出於上帝的。凡掌權的，都

是上帝所命的，所以抗拒掌權的，就是抗拒上帝的命，抗拒的必自取刑罰。」就是說，服從是上帝賦予的一項義務。

這樣，把凱薩的東西給凱薩，還要把上帝的東西給上帝，就意味著基督教徒要承擔一僕二主的角色。每個人都是兩個國家的公民。對基督教徒來說，更大的國家不是人類的家庭，而是一個精神國土，一個真正的上帝的王國。這樣隨著教會宗教勢力的擴大，皇帝的神化就成為可能，繼而成為必須，最後又成為不可能。因為自治和自主的教會同國家已經處於同等的地位，甚至具有比國家更高的地位，神權和王權之間的矛盾和鬥爭也就是必然要發生的。

— 神權論 —

神權論是在中世紀一種十分流行的思想，它認為權力來自上帝，塵世間的一切權力均來自神。在教會的倡導下，這種思想迅速發展起來。這種思想實際是教會組織金字塔結構的反映。

教皇權利的理論依據來自《聖經》。《舊約·馬太福音》提到耶穌基督曾經把天國的鑰匙交給使徒彼得，這就意味著把權力交給了他，把他作為上帝在塵世的代表，實現對塵世教會的統治，教皇就是彼得的繼承人。隨著教會權力和世俗權力鬥爭的加劇，神權論有了進一步的發展和不同的版本，在不同的國家也有不同的說法。

最早提出教權至上的是教皇尼古拉一世 (858~867 年在位)。他反對國家干預教會的事務，竭力維護教會的獨立，認為：「國王兼任祭司，皇帝兼任教皇的日子已經過去，基督教已經將這兩重職務分開了」。另一位為教權而鬥爭的教皇是格裡高利七世 (1021~ 1085 年在位)。他系統地闡述了神權論的思想，指出，羅馬天主教是耶穌的第一位門徒彼得創立

的，教皇是彼得的繼承人，是教會的最高首領，其權力直接來自上帝。因此，教皇不僅在教會的內部事務上擁有至高無上的權力，而且，在其他方面其地位也超過任何世俗國王和皇帝。教會從未犯過錯誤，也永遠不會犯錯誤。掌管羅馬教會最高權力的教皇也是至高無上的和神聖的，他對一切人擁有審判權，而不受任何人的審判。他甚至說，教皇有權力廢黜不服從教會的君主，解除臣民對他的效忠的誓約，給他們以開除教籍的處分；也有權頒布禁令，禁止在不服從教會的君主的領土上舉行公共祈禱和聖禮。

我們知道，《聖經》中記載了上帝創造兩個發光的物體，即太陽和月亮。格裡高利比附說，教皇的權力是太陽，皇帝的權力是月亮。月亮的光來自太陽，皇帝的光來自教皇。這就是有名的「日月論」。

後來還有兩位教皇進一步發展了這種神權論。教皇英諾森(1198~1216 年在位) 把教皇的權力推崇到了極點。他說基督交給彼得治理的不僅是教會而且是全世界，自稱是「萬王之王，萬主之主」。從這種理論出發，他廣泛插手各國的事務。

卜尼法斯七世 (1294~1303 年在位) 於 1302 年釋出了「一聖通諭」，正式規定教會權力高於一切世俗權力。

除教皇親自鼓吹神權論外，神學家們還從理論上提供論證。

— 經院哲學為神權的辯護 —

經院哲學是中世紀重要的意識形態，它除了為宗教教義辯護外，還為神權辯護，義大利神學家托馬斯·阿奎那 (Thomas Aquinas，約西元 1224~1274 年) 是這方面最重要的代表之一。他追隨亞里斯多德的政治哲學，力圖將信仰和理性調和起來。他認為人本性上是社會的動物，國家

是自然的制度。阿奎那還從人除了他的物質或自然的需要外還有超自然目的的看法出發，認為國家並不是處理人這種更為根本的目的的，教會才能指導人達到這種目的，他還把國家解釋成從上帝的創世中產生，國家由上帝賦予意志和職能的。

按阿奎那的觀點，國家是從屬於教會的，國家在一定的範圍內是自治的，有其合法的職能，但人的精神上的目的並不能透過人的權力也就是國家的權力來達到，而只能透過神的權力而建立起來，國家不應設定任何障礙來破壞人的生活。

總之，在經院哲學中，阿奎那的體系是最完善系統的。人們稱它為托馬斯主義，今天最大多數的宗教哲學家和神學家均係托馬斯主義者。托馬斯主義是我們理解西方宗教文化的一個很好的例項，它利用人們日常的感性經驗來宣揚神祕的宗教信仰內容，使宗教更具有迷惑人的理性色彩和哲學思辨的光環。所以，阿奎那的神權論有他自己的特點，即在神權和王權之間搞某種平衡，但又要維持神權至高無上的地位。

阿奎那認為：「宗教權力和世俗權力都是從神權得來的；因此世俗權力要受宗教權力的支配，如果這是由上帝如此規定的話；即在有關拯救靈魂的事情方面。在這些問題上，人們應先服從宗教權力，然後再服從世俗權力。可是，在有關社會福利的事情方面，應該服從的是世俗權力而不是宗教權力。」這裡，阿奎那在宗教權力和世俗權力之間作了一些分工，一個管精神，一個管物質。然而他認為，「教皇的權力在世俗問題和宗教問題上都是至高無上的」，基督永遠「是萬王之王和萬主之主，他的權力必然不會喪失，他的統治權將永不消逝」。他認為，社會生活的最終目的是要達到一種完美的境界，要享受上帝的快樂，而這單靠人類的德性是達不到的。這要靠神的恩賜，唯有神的恩賜才是永生。他說：「只

有神的統治而不是人類的政權才能導使我們達到這個目的。這樣的統治只能屬於既是人又是神的君主，即屬於耶穌基督、我們的主，他在使人們成為聖子時，已使他們享受天國的榮光。」在他看來，世俗權力之服從宗教權力，猶如肉體之服從靈魂，猶如哲學之服從神學，自然物之服從超自然物是一樣的。

阿奎那一方面肯定君權神授，一方面對君主制大唱讚歌。他認為，由一個人掌握的政府，比那種由許多人掌握的政府更容易取得成功。他說一人統治是最接近自然的，總是呈現一片昇平的氣象，公道之風盛行，且財富充盈而民情歡騰。多人統治常常由於相互傾軋而陷於分裂，造成紛爭不斷。他強調是天意要讓從單一的根源中產生的善的力量強些。他分析說，上帝創造萬物時就有高低之分，「才智傑出的人自然享有支配權，而智力較差但體力較強的人則看來是天使其充當奴僕」。他甚至說連暴君也是上帝派到人間的，「彼得教導我們，不但要服從善良溫和的君主，而且也要尊敬乖戾的君主」。但他又說，上帝給他的臣民派了一個暴君，是為了懲罰臣民們的罪孽，不會讓暴君統治的日子過久過長，會扶立溫和的君主來代替他們。一個君主應當擔當起類似靈魂對肉體，上帝對萬物的那種職責。他認為一切事物都是由神安排的，天意要對萬物貫徹一種秩序，並證明使徒的不謬：即神安排一切。

─ 為世俗權力的辯護 ─

11 世紀之後，人們就世俗權力和宗教權力之間的關係進行了許多爭論，發表了大量的政治文獻。當時比較普遍接受的觀點是吉萊希厄斯的兩把劍的理論，即上天注定人類社會要受到兩種權力的統治，宗教的和世俗的權力的統治。兩者均以神聖、自然的法律為依據，按照基督教的

教義任何人都不得兼而有之。兩者均要受法律的制約並在自然和人的統治中擔任一項必要的任務。作為上天規劃的兩部分，每一種權力都有賴於另一種權力的幫助和支持。這就是說，信奉基督教的皇帝需要主教以求得永生，而主教則可以利用帝國的各種條例處理世俗事務。但是牧師的責任比世俗的統治者有更多的內容，因為在最後審判的日子裡他要對所有基督教徒的靈魂負責，那些統治者的靈魂也不例外。其實，這兩種權力分類的理論並沒有真正實現，矛盾和爭執是經常的。主教被看作是權貴人物，他要對國王幹的壞事進行告誡，法律的制定要得到這些人的同意，他們在選舉和廢黜統治者方面也會施加巨大的影響。而皇帝對教皇的控制則顯得更為有效。皇帝把教士和俗人都看作是他的臣民。皇帝在教皇的選舉中能施加他們的影響。宗教裁判所權力的擴大被說成是教皇的罪行。教皇的地位受到貶損。在這種情勢下，教士們加強了他們自覺的獨立意識，想把教會變成一個自治的宗教權力，把管理教會的權力掌握在自己手中。因為在封建制度下，教士們實際上都是大地主，作為地主，就要履行封建義務，而且他們又有自己的封臣，因而不可避免地被捲入世俗政治之中。由於教士們良好的教育，教會和國家的組織在高級神職人員身上相遇和重疊起來就成為自然的現象。前面介紹的格裡高利的神權論就是宗教權力的最完全的說明。

保皇派和世俗權力在這種論爭中間的立場處於守勢，亨利四世1075年給教皇的信是這樣定調子的，他說：「我雖然是一個不才的基督教徒，卻被任命為國王，並正如教父們的傳統所教導的，我只受上帝的審判，不能因任何罪行而被廢黜，除非我背棄了自己的信仰，但這種事情是絕不會發生的。」這就是說，國王除了受上帝的約束外，不受任何人和法律判決的約束，雖然這種說法充滿了魔鬼的精神，但卻是保皇派思想的

重要組成部分。而且這很合乎兩把劍不能攘在同一人手中的傳統思想。也有人從世襲繼承的權利來為國王辯護。一位羅馬法的教師彼得‧克拉瑟斯就認為，教皇和亨利的不服管束的臣民都沒有權利於預亨利對他的王國的所有權，因為他是從他的父親和祖父手中繼承了這個王國的，就像他們不能拿走任何人的財產一樣。這是一種利用法律觀念來支持世俗權力的傾向。甚至有人認為，國王的權力是高於主教權力的，國王應該對主教進行統治，國王有權力召集並主持教會的會議。他們認為，國王的新選和廢黜是透過王公們的共同投票來完成的，教皇只是同意而已。有人甚至說，國王的權利來自他和人民之間的契約，一個民族設定這樣一個人，目的在於他能公正地進行統治。如果他違反了他據以選出的協定，搞亂了他本來應該維護得井井有條的有關事情，就理所當然地解除了人民對他的服從。

宗教勢力和世俗勢力的爭論持續了幾個世紀，雙方強調傳統的不同方面，都在傳統中找到充分的根據。宗教勢力強調教會在道德方面的優勢，世俗勢力則強調二者的相互獨立。統治者選舉產生和與人民之間的協定都成為他們的一個論據，權力相互制衡是一個長期的歷史事實。這說明後來西方的代議制民主政體的產生並不是一朝一夕的功夫。西方中世紀後期的宗教大會制度建立了一種代表的機構，使理性和信仰之間找到了一個結合點。代表應是正派和通曉神的法律的人，代表在這種組織形式中進行活動和學習管理共同的事務。

中世紀的歷史觀念

─ 基督教對歷史概念的革命性影響 ─

　　人類的歷史觀念在中世紀有很大的飛躍。西方學者柯林伍德認為人類關於歷史的觀念在西元後第四和第五世紀，由於基督教思想的革命性的影響得到了重新的塑造。他詳細地分析了基督教是怎樣揚棄古希臘-羅馬時期在歷史學中兩個主導的觀念，即對人性的樂觀主義觀念和作為歷史變化過程基礎的實質主義的觀念。在古希臘，人們習慣把人看成是有理性的動物，由於理性的指導，人們會走向至善。歷史變化過程的基礎是人的理念或心靈。對柏拉圖來說，事物的實質是非物質的，是理念。對亞里斯多德來說，最終的真實的實質是心靈。人們的歷史觀念被這種實質主義弄得黯淡無光。歷史事件只不過是這種實質的偶然表現，事件的重要性主要是它們對永恆的和實質的整體投射了一道光芒。人們至多隻是記錄事件，歷史學的範圍被限制在描述人們和事物都在做什麼，而這些人和事物的性質始終被停留在歷史的視野之外。對柏拉圖主義而言，歷史學是不能有什麼實用的價值的。對亞里斯多德而言，歷史學也只是像詩一樣的東西。而基督教思想的影響卻為改變這種狀況提供了可能。

　　根據基督教的創世說，除了上帝之外，沒有什麼東西是永恆的，並且其他的一切都是上帝創造的。人的靈魂不再被看作一種在永恆中的存

在，每個靈魂都被看作是一種新的創造物。靈魂不滅的觀念在這個意義上被否定了。歷史不再是人類自己智慧和才能的創造，而是由於上帝的智慧，由於上帝的恩惠，人的慾望才被導向有價值的目的。因此，歷史的過程並不是人類的目的，而是上帝目的的實踐。正如克羅齊所說的：「從基督教看來，歷史既然變成了真理史，它同時也就放棄了意外和機遇，而古人則常使歷史沉溺於這些東西，它認識了它自己所固有的法則，這不再是一種自然的法則，甚至不再是星宿的影響（奧古斯丁反對異教徒的這種學說），而是理性、智慧、天意了」。基督教對歷史帶來的新問題和新答案，克羅齊認為是對人類精神的構成的一份永遠有效的可靠財富。

基督教思想為歷史觀念帶來的第二個革命性的變化，就是打破了古希臘關於歷史的循環論觀點，在天意的指引下為歷史帶來了秩序的觀念。正如阿奎那所說的，天意要為一切事物貫徹一種秩序。在他看來，人的所作所為，所取得的某些成就，並不是由於他自己的智慧，而是由於上帝的智慧，這是一種關於歷史的新的觀念。按照這種新的歷史觀念，歷史過程並不是人類的目的，而是上帝的目的的實踐。因為上帝的目的就是一種對人類的目的，是一種一定會貫徹下去並且透過人類的意志活動而展現出來的目的。

基督教思想對歷史觀念的第三個革命性的影響，是對於歷史的一種普遍主義和世界主義的態度。在上帝的眼中人人平等，沒有什麼選民，沒有什麼特權的階級，沒有哪個集體比其他的集體更重要。所有的人和所有的民族都包括在上帝目的的規劃之中。基督教不會滿足於一些民族的區域性和特殊的歷史，要求一部普遍的歷史，一部世界史。

這種新的歷史觀把歷史看作是一個過程，歷史的歷程不過是客觀的天意的計畫的實施，有它的客觀必然性，甚至連最明智和擁有權力的

人也都捲入其中。上帝是有遠見和富有建設性的，絕不允許什麼人來干擾他的計畫。歷史事件的總歷程就是一種準則，它是用來判斷參與其中的每個人的。歷史是一種不以人的意志為轉移的必然性所塑造的歷史過程。這種歷史觀念的變化是空前的，也是深刻的。

一 奧古斯丁的歷史觀念 一

奧古斯丁 (St,Aueustine，354~430 年) 是中世紀早期的神學思想家，他寫《上帝之城》是為了反駁羅馬異教徒對基督教的責難，歷時 14 年。上帝之城這個說法在《聖經》上有過記載，是指天上之國。他將上帝之愛作為道德的中心原則，力圖把社會的歷史納入基督教的歷史，形成了一整套神權高於一切的社會歷史觀。

他認為人類可以抽成一方面是愛上帝的人，另一方面是愛他們自己和塵世的人。有兩種截然不同的愛，就有兩種對立的社會。愛上帝的人他稱為上帝之城，愛他們自己和塵世的人他稱為塵世之城。

這兩種城邦並不與教會和國家等同，在教會和國家中都有那些愛塵世的人，因而這兩個城和教會與國家是相互交錯的。由此出發，他提出一種神學的歷史觀和歷史哲學的模式。他認為最偉大的戲劇就是人類歷史，作者就是上帝。歷史從創世開始，穿插著像人類的墮落和上帝以基督為化身這樣的事件。歷史的發展包含著上帝之城和塵世之城之間的鬥爭。任何事件的發生都與上帝的最終天意有關。羅馬的陷落不是由於基督教的破壞性活動的結果，而是帝國之中瀰漫著猖獗的罪惡，這種罪惡正是基督教信仰和上帝之愛所要阻止的。所有的人都要知道自己的命運、社會的命運，進而知天意，並將上帝之愛的統治建立起來。這就是一種神學的歷史哲學。

123

　　以這種社會歷史觀為基礎的神權至上論，一直為教會的神權 政治服務，教會常常會引述上述奧古斯丁的觀點來為教會的絕對權威辯護。

　　奧古斯丁關於時間的觀念也很值得一提。他根據《聖經》的提示，認為上帝不僅是世界的創造者，也是時間的創造者。他在《懺悔錄》中說：「上帝創造了這個變化不定的世界……在這個變化不定的世界中，必須表現出萬物的可變性，人們從而觀察時間和度量時間。」所以，時間和空間都是上帝創造的。而且時間僅對世界而言。因為上帝是永恆不變的，是超時間的。他認為，既然過去已經不存在，將來又尚未到來，那麼過去和將來這兩個時間怎樣存在呢？現在稱之為時間，也是正在走向過去，怎能說現在存在呢？因此，他認為把時間抽成過去、現在和將來是不精確的。他提出，或許把時間抽成過去的現在和現在的現在以及將來的現在更精確些。過去事物的現在是記憶，將來事物的現在是期望，現在事物的現在是真正能感覺到的。因而他主張把時間抽成記憶、注意和期望三類。他把時間歸結為人類心靈的三種功能。正是這個思想，後來導致康德把時間理解為直觀的先驗感覺形式。這也突破了古希臘對時間循環論的理解，無疑對形成更完善的時間觀念是有幫助的。

　　總之，中世紀的歷史觀唸經歷了深刻的變化，這種變化有其十分積極的方面，也有其消極的方面。正如科林伍德所指出的，思想之擺已經從古希臘 - 羅馬歷史編纂學的抽象的和片面的人文主義擺到了同樣抽象和片面的中世紀的神本觀點了。神意在歷史中的作用得到了承認，但它卻是以一種再沒有什麼事情留給人類去做的方式而被承認的，把人們的注意力引向歷史本身之外去尋求歷史的本質；這不能不說是中世紀歷史觀念消極的一面。

中世紀的法律思想

― 奧古斯丁的法律思想 ―

中世紀的法律思想有自己的特點，因為它總要加入神的因素；在自然法之外，還有神法和宗教教義的作用。奧古斯丁的法律思想基本上繼承了柏拉圖的說法，認為為了維護人間世界的和平，需要法律來約束人們的不良願望，對於那些沒有理性的人就需要他人用法令來控制他們的慾望。他還認為，社會是由許多人組成的，它的福利需要有大量的各式各樣的規定，這些規定就是法律，就是用命令來控制沒有理性的人的各種慾望。他還強調懲罰的作用，認為懲罰不僅能幫助犯罪者改正錯誤，而且對其他人也是一種教訓，可以造成預防犯罪的作用。

奧古斯丁加上了許多宗教的內容。他所說的「上帝之城」實際上就是天國，也就是說，在人間世界之外還有一個天國存在。凡是死後經過「末日審判」升到天國的靈魂便可以得到永生，達到至善，天上社會的公民都享受著永久和平。人間世界則是另一番情景，他從基督教原罪的教義出發，認為人類祖先犯了罪，留在人間生活是在接受上帝的懲罰。

不僅如此，他還發展了基督教的原罪說，認為人生下來就是有罪的，只有透過上帝在地上的代表 —— 教會對人們進行洗禮，人們才能得救。按照他的觀點，世俗法律必須努力滿足永恆法的要求，如果世俗法

125

律的某些規定明顯和上帝之法相悖，那麼這些規定就不具有任何效力，應當加以摒棄。

對於法官，他有許多觀點也是從柏拉圖那裡來的。

― 阿奎那的法律思想 ―

阿奎那的法律思想比較系統。他反對國家的絕對自治，分析了不同的法律型別。他將法律抽成永恆法、自然法、人法和神法。他認為，永恆法是神的理性的展現，是上帝用來支配和治理宇宙的規範，是上帝的統治計劃。它本身就是神的智慧，是最高統治者的施政計劃，是一切法律的淵源。「一切法律只要與真正的理性相一致，就總是從永恆法產生的。」自然法是人對上帝永恆法的分享和參與，是上帝用來統治人類的法律，反映神和人類的關係，是人的理性對神法的認知，人們能夠透過自然法而知道永恆法的某些原則。積極的法律必須從自然法的一般原則匯出特殊的規則，人法也是符合自然法的。自然法包括三方面的內容：一切有利和有毀於保全人類生命的東西；與人的本能相關的東西；引導人們向善和避免愚昧的東西。所以，人法就是統治者根據自然法，最終根據永恆法而規定的社會生活的秩序。他把人法理解為一種以公共利益為目的的合乎理性的法令，強調「如果人法不是從永恆法中得來的，那麼在人法裡就沒有一條條文是公正的或合理的。」在他看來，神法就是《聖經》，是一切法律的淵源。它彌補自然法和人法的不足，指導人類生活，引導人們做出正確判斷，保證內心的完美德行，防止各種罪惡的發生。對於那些違反了上帝的神法的不正當法律，人們可以不遵守。法律制定者的權力和權威來自上帝，並對上帝負責。法律的適當結果是引導人們去獲得德行，使他們具有善。法律自身是為社會的「共同的善」的

一種理性的條例。所以他認為，法的性質是由人類理性所決定的。雖然阿奎那把神法放在至高無上的地位，但是他也為人類理性留下了一定的地盤，阿奎那的神學是理性化了的神學。正因為如此，它在西方的影響是長遠的。

中世紀的倫理思想

倫理思想一般總是政治思想和法律思想的補充，它們相輔相成，造成穩定社會的作用。中世紀的倫理思想具有濃厚的宗教色彩，差不多所有的道德問題都與基督教教義聯繫在一起。奧古斯丁和阿奎那是兩位經院哲學家，也是神學理論家，現在我們就來看看他們的倫理思想。

─ 奧古斯丁的倫理思想 ─

奧古斯丁年輕時生活放蕩，他寫的《懺悔錄》的第一部分就是記述自我反省和改邪歸正的過程。他的思想為罪惡的問題所苦惱。開始他從當時盛行的摩尼教的善惡的二元論學說中尋求答案。這種學說認為，善惡是兩個對立的實體，各有自己的原則。惡的產生有其自身的原因，人可以不負責任。然而這並沒有使他的心情平靜下來。後來他又對善惡採取一種懷疑主義的態度，企圖自我麻醉，但他的心靈仍然得不到安寧。最後他遇到了新柏拉圖主義，這種學說告訴他，永恆不變的真理應當到物質世界以外去尋求。這大大地啟發了他的思想，結合對《聖經》的研究，他終於形成了一套理論。

他按照柏拉圖所說的真是天然不朽的思想，認為上帝是不朽的，是至真至善的。在上帝那裡，惡是沒有的。關於上帝所創造的萬物，那就是另一回事。萬物本身不是至善的，也不是不朽的。萬物的善有多有

少。因而他認定，善的減少就是惡，惡無非就是善的缺少。他認為，心靈的罪惡，無非就是缺欠天然的善，一旦治好了惡也就不存在了。在他看來，犯罪是人的自由意志，是人敗壞自己善的存在，損壞自己善的本質。歸根到底是背離了上帝，背離了至善。他自己正是按照這種思想自我懺悔，從而皈依上帝，棄惡從善。

所以，奧古斯丁鼓吹一種以對上帝的愛為標準的倫理學，他既不認為知識就是美德，也不認為人只有履行其自然職能時才能建立起幸福。他與他的前輩不同之處，在於堅持幸福要超出自然而進入超自然。在他看來，沒有純粹的「自然的」人，是上帝創造了人，人總是帶著上帝創造的標記，人與上帝之間有某種永恆、具體又是可能的關係。人追求幸福並非偶然，這正是人的有限性和不完善性的表明，人只能在上帝那兒找到幸福。

一個人可以愛物質對象，愛其他人，愛他自己。這樣，每個人所愛的事物將為人提供對滿足和幸福的量度。惡不是一種肯定的東西，而是缺少某種東西，惡實質上就是「善的缺乏」和「實體的缺 乏」。惡就是削弱善。換言之，上帝並沒有在人身上創造罪惡，而是人自甘墮落。所以人的愛的對象還應包括上帝。奧古斯丁強調人是造出來愛上帝的。上帝是無限的，只有無限的上帝才能給予人最終的滿足和幸福。要生活得好就得愛上帝，愛上帝是對幸福的一種必不可少的要求。而當人們把其他愛的對像當作愛的最終對象時，這種失常的愛就會在人的行為中產生出各種病態，靈魂會被嚴重損害，人會被糾纏在驕傲、嫉妒、貪婪、妒忌、奸詐、恐慌和極度的不安之中。這種失常的愛會產生失常的人，失常的人又會產生失常的社會團體。因此，個人的再生和靈魂的拯救只有重新調整愛的對象。奧古斯丁強調人首先要愛上帝，然後才能恰當地

愛其他的對象。只有這樣，才不會去企求從對其他對象的愛中得到只有以上帝的愛中才能得到的最終安寧和幸福。因此，人們在行動之前必須在親近上帝還是疏遠上帝之間進行選擇。惡是人的自由意志的行動造成的，而善則是上帝的恩典，不是人的意志的產物。所以，奧古斯丁的倫理學都是以人對上帝的愛和上帝對人的愛作為基礎的，他的一切倫理說教就是要人們信仰上帝和愛上帝，愛上帝是善惡的最高標準。

他說過：「主啊，我怎樣尋求你呢？我尋求你天主時，是在尋求幸福的源泉。我將尋求你，使我的靈魂生活，因為我的肉體靠靈魂生活，而靈魂是依靠你生活。」這就是奧古斯丁的邏輯。

― 阿奎那的倫理思想 ―

在倫理學中，罪惡是每一位神學哲學家需要面對的問題。既然每一存在的事物均來自上帝，那麼罪惡是否也來自上帝呢？奧古斯丁以來，神學家都用善的匱乏或人的靈魂的墮落來解釋這個問題。阿奎那也接受奧古斯丁的說法。阿奎那說，通姦是罪惡，並不在於它的物質方面，而在於造成通姦的原因，即缺乏禮節，而且 他又接受了柏拉圖的某些說法，即認為通姦者不會將他的行為看作罪惡，相反會認為他的行為某方面是好的，會帶來愉快。同時，罪惡也是隨著人的自由而來的錯誤選擇所造成的。

然而阿奎那認為，儘管自由地創造人的上帝允許自由的可能性，但在這種情況上帝並不是罪惡的原因，而是錯誤意志的產物。

我們知道，亞里斯多德對道德採取一種自然主義的態度，認為一個人要獲得德行和幸福就要履行他們的自然的目的和職能。而阿奎那則採取一種超自然的態度，認為人的本性就是將上帝看作是源泉和最終目

的。在他看來，一個人僅是履行他的自然職能和能力來獲得幸福是不夠的，人還應有超自然的目的。基督教倫理學的目的就是教導人們追求最高的幸福和理想。他認為倫理學要以宗教作為基礎。沒有宗教觀念，沒有對上帝的至善的追求，就根本談不上什麼倫理學。

在他看來，人之為人是由於人具有理智和意志。意志表現人們行動的目的。在這裡他完全接受了亞里斯多德關於人的行為的目的論模型。人的另一個特點就是人除了追求物質的滿足外，還追求精神上的滿足，追求無限的真善美，這個無限的真善美就是上帝。因此，意志要作出正確的決定，就需要理智的指導，需要上帝的恩惠和神啟的真理，這樣意志才能代表人對善和正義的追求。

人的道德機制是由肉慾、慾望、意志和理性組成的。德行或善寓於正確的選擇之中，寓於兩個極端之中，意志和理性要適當控制慾望。最基本的道德真理就是「趨善避惡」。實際上，他基本上把亞里斯多德的那一套倫理學思想都搬了過來，不過在此基礎上再加上一些來自上帝的超自然的神法來保證人們的行為規範。這種神法是透過神的啟示，作為上帝恩惠的禮物而直接來自上帝的。因此，德行是靠上帝的恩惠而「滲入」人間的，神又是理智的指導。

阿奎那的倫理格言是：「無限的真善美就是上帝」，「人的幸福在於達到上帝的本性」。不僅如此，他還認為人生來就傾向於上帝的，如果達不到上帝這個真善美的本性，人是永遠不會滿足的。

阿奎那把上帝向摩西頒布的「十誡」概括為「避惡行善」「保全自己的生命」「不殺害他人」等基本原則，稱為人的本性所具有的天賦觀念，是不證自明的公理。他認為，人的德性是一種「習性」，是在後天的行為中養成的。所謂道德的德性就是使人傾向於行善的習性。他根據亞

里斯多德的倫理理論，把「審慎、正義、節制、剛毅」作為四種最基本的德性。

　　阿奎那的倫理思想與亞里斯多德的倫理思想不同之處在於，他認為人還有某種超本性、超自然的需求。這就是人還要追求超本性的幸福，即對真善美的追求，追求與上帝的聯繫和交流。他與其他神學家一樣，提出「信、望、愛」三種神學德性來彌補上面四種德性的不足。他認為，「信、望、愛」這三種德性可以使人達到超本性的幸福。他與奧古斯丁一樣，認為愛上帝是最高的神學德性，也是最高的道德規範。

　　總之，中世紀的倫理思想基本上沒有什麼突破，增加的多是宗教上的內容；但是，中世紀倫理思想中對人類的超自然的精神需要的論述，卻是有啟發性的。

近代西方思想

文藝復興時期的西方思想

― 新的哲學思想的興起 ―

14 世紀發源於義大利的文藝復興運動，是一場反對腐朽宗教統治的運動，它的中心思想就是用以人為中心的人文主義來對抗中世紀以神為中心的封建思想，用人性來取代神性，以便從思想上為資本主義開闢道路。這許可證藝復興的思想家、文學家、藝術家從淹沒已久的希臘羅馬著作中，尋求他們可以用來反對封建思想文化的武器。他們利用古典作品中肯定人生的傾向和內容，來反對中世紀的封建神學。他們一般都主張追求科學，提倡文化，反對愚昧，讚揚人的勇敢和敏捷等。這些新的潮流給當時的思想，尤其是認識論和文藝思想以深刻的影響。例如，中世紀的經院哲學利用亞里斯多德哲學中的唯心主義因素，把神看作是世界的外在原因，把大自然的豐富多樣歸結為僵死的形式的分類，但這樣的解釋已經不能令人滿意了。柏拉圖學派關於「宇宙精神」是生命在自然界直接始因的學說，開始受到歡迎，因為它比較容易被人們用來論證理性的重要性。而且，一種與自然科學的發展相平行的唯物主義的自然哲學也孕育成長起來，他們認為生命和人類思維的源泉在大自然內部，從而推翻了中世紀神學關於靈魂、天國的種種神祕主義說法。如十六世紀義大利自然哲學的傑出代表波納蒂特·特勒肖 (1508~1588 年) 在認識

論方面明確地提出感官能提供給我們關於外在世界的知識，理性則概括感覺所提供給它的東西；一切科學，包括幾何學在內，都是以此為基礎的。這就從認識論上為自然 科學的發展提供了論證。又如喬爾丹諾·布魯諾 (1548~1600 年) 雖然是個泛神論者，但他認為人類的理性具有在真理的道路上不斷前進的能力。他認為：「智力永遠不停留在已經認識的真理，它將永遠向前走，走向未認識的真理」。再如達文西 (1452~1519 年) 認為：「我們的全部認識都是從感覺開始的……凡是不透過感覺而來的思想都是空洞的，都不產生任何真理。而只不過是一些虛構。」

總之，經過這個過渡時期的醞釀並在此基礎上形成的近代西方哲學反映了資產階級要發展自己的要求。在這個時期中，唯物主義和唯心主義的鬥爭貫穿於唯理論和經驗論的發展形態之中，也就是說，哲學發展到這個時期，認識論採取了唯理論和經驗論這樣兩種典型的形態。這是因為，一方面「一切都必須在理性的法庭面前為自己的存在作辯護或者放棄存在的權利」；一方面因為「全部科學都是以經驗為基礎的，是在於用理性的研究方法去整理感官所提供的資料」。所以，無論是英國的經驗論還是西歐大陸的唯理論都具有反封建和提倡科學的特點。近代西方哲學正是在這樣的背景下發展起來的。

─ 新的文化運動 ─

在隨後的兩個世紀中，西方文化在人文主義的旗幟下得到大幅的發展。在資本主義商品經濟的推動下，科學技術有了長足的進步，並在西方確立了支配的地位。科學的傳統，除了帶來物質利益外，它本身也是獨立思想的偉大推動者，前有哥白尼重新發現日心說，並於 1543 年作出解釋，後有哈維關於血液循環的發現，說明人類並非上帝的創造，而只

是科學研究的一種對象。這些科學思想都有力地重新整理人們的思想觀念。後來隨著機器的發明，機械力代替了人力，在西方促成了一場轟轟烈烈的工業革命。這樣，無論西方文明傳播到哪裡，它的政治理想最終也會隨著物質的擴張接踵而至。西歐各國都先後掀起了資本主義政治革命，先是英國溫和的資產階級革命，後是法國的大革命，爾後又有軟弱的德國資產階級革命。

歐洲新文化運動最重要的發祥地是佛羅倫斯。但丁、米開朗基羅、達文西以及後來的伽利略，都是佛羅倫斯人。義大利造就了眾多的藝術家和思想家。在政治哲學和歷史哲學領域，義大利也誕生了一位傑出的人物——尼科羅·馬基雅維利，他有兩部傑出的著作：《君主論》和《史論集》。前者研究了專制政權得以取勝和維持的方法和手段，後者則普遍研究了權力及其在不同統治形式下的運用。他主張賢人政治，主張「好政府，好法律」。他指出：「命運是我們半個行動的主宰，但是它留下其餘一半或者幾乎一半歸我們支配。」為人的能動性留下了足夠大的空間，然而他又承認某些邪惡勾當有助於攫取政權，如果你希望獲取權力，你就必須冷酷無情，從而為自己招來一些貶損之詞。

英國的培根、霍布斯、洛克、柏克萊、休謨等人的哲學思想，還有法國的笛卡爾和德國的史賓諾沙及萊布尼茲的哲學思想，都被認為是這個時期的重要思想。

培根強調需要一種新的方法或工具來發現真理，以取代顯然已經枯竭了的三段論式。他的「知識就是力量」的思想鼓舞了多少人在科學道路上不斷探索。洛克的《政府論》以及霍布斯的《利維坦》都是在政治哲學方面極有影響的著作，對西方政治文化的形成造成了很大的作用，可以說是英國資產階級革命在理論上的反映。洛克的權力制衡思想，霍

布斯的人們理性地達成協定而同意順從於共同選擇的某個權威的思想，都是西方政治體制中的核心思想，對今日西方文化仍有影響力。笛卡爾是唯理論的代表，由於他對數學的關注和對方法的重視，從而提出了一種嶄新的唯理論的哲學體系，因此被人們譽為「近代哲學之父」。他認為歷史學靠的是人們的記憶力和想像力，不是理性的應用，因而不是知識的一個分支，這說明了他對理性的過分崇拜。史賓諾沙的政治哲學與霍布斯不同，他並不認為民主是最合理的社會秩序，認為最合理的政府應當在合理的地方釋出合理的政令，還應在信仰、教誨問題上保持迴避態度；他的將倫理學公理化也是十分獨特的。而萊布尼茲關於數理邏輯的思想，對爾後數理邏輯的發展和今天的資料技術都十分有意義。

可以說，西方文化在近代奏響了人文主義的凱歌。文藝復興不僅是人類意識的普遍覺醒，對世界和人的發現，而且是現代社會的雛形，是西方意識世俗化的決定性階段，現代社會生活的一切方面都與它發生了聯繫。下面我們將介紹這個時期西方的各種社會思想。

— 展現在文學和藝術作品中的人文主義思想 —

人文主義是一種文化現象。它最早出現於義人利，特別是佛羅倫斯，隨後逐漸擴展到歐洲各地。該文化運動透過對文學、哲學、歷史學、科學和藝術的革新，為現代文化的發展奠定了基礎。在他們看來，中世紀文化是一種神學文化，對宇宙持一種先入為主的神祕主義觀點，扼殺人的個性，使人在心理和肉體及其理智方面全部僵化，人所能見到的唯一東西是神的意志。他們呼籲要重新發現人在歷史發展中的作用，肯定人的意志和行動的價值，恢復人的各種權利，包括人在上帝面前應有的地位。早期的人文主義者歌頌新興商業資產階級的積極進取和樂觀

主義精神，要求承認他們透過勞動而獲得的人間幸福的合法性，反對禁慾主義對人間幸福的扼殺。這時的文藝家和思想家們把人置於宇宙萬物的中心，高度讚揚人的理智和精神。隨著神學體系的崩潰，人們擺脫了宗教教條的束縛，從理性上和感性上恢復了對現實世界的熱情。自然科學在擺脫了神學和星象術的羈絆之後，人成了自然的主人，人必須擔負起探索自然奧妙的新責任。1492 年美洲的新發現，拓寬了人們的眼界。這一切都在呼喚一個新時代的到來。歸根到底，正如米朗多拉所說的，人就是人本身的創造者和建設者。

但丁、佩脫拉克、薄伽丘、瓦拉、皮科、莎士比亞等都是這個時期的著名文學家和思想家，他們作品中充滿著人文主義思想。下面分別介紹：

但丁 (Dante Alighieri,1265~1321 年) 生於義大利的佛羅倫斯，著名文學家，也是人文主義最初的代表。他九歲時認識了富商女兒比亞特利斯，十八歲時曾相遇一次。但丁回家後寫了不少讚美她的詩。後來她嫁給一位富商，次年去世，但丁為此又寫了許多悼念的詩，這些詩於 1292 年出版，詩集充滿了對愛情和人生的讚美，發射出人文主義的光芒。但丁的代表作是《神曲》。這是一部「夢幻」故事，敘述但丁在古羅馬詩人維吉爾和情人比亞特利斯靈魂的引導下夢遊「地獄」「煉獄」和「天堂」的經歷。他創作《神曲》的目的是要淨化人們的靈魂，顯示人們思想個性的道路，提倡人文主義，追求真理，投身於現實世界的建設。人們普遍認為《神曲》的誕生，標誌著文藝復興運動的開始。

但丁認為人是最高貴的，其高貴之處在於人具有理性和意志自由，人應當透過理性和行動來爭取自由和幸福；人類最自由的時候就是他被安排最好的時候；愛是統治世界的力量，人應當愛人，而不應當去愛

神。他在《神曲》中把宇宙比作散亂的許多紙張，認為是「愛」把這些紙張合訂成冊。

佩脫拉克 (Francesco Petrarch，1304~1374 年) 不僅是人文主義的奠基者，還是近代詩歌的創始人。他的主要著作有《阿非利加》和抒情詩集《歌集》，還有拉丁文著作《祕密》。他是義大利復興古典文化的倡導者。他在《祕密》中有一段話：「我不想變成上帝，或者居住在永恆中，或者把天地抱在懷抱裡。屬於人的那種光榮對我就夠了。這是我所祈求的一切，我自己是凡人，我只要求凡人的幸福」，充分表達了新興資產階級追求自身解放的心情。

他不但強烈追求愛情，而且特別重視個人的榮譽。他的史詩《阿非利加》就是歌頌一位愛國英雄的，歌頌義大利民族的偉大，鼓勵人們像阿非利加那樣去為祖國的統一而戰鬥。

薄伽丘 (Giovanni Boccaccio，1313~1375 年) 是近代短篇小說的創始人，市民文化的真正代表者。他的《十日談》是早期文藝復興時期的優秀作品之一，有人把它稱為《人曲》。書中揭露了封建貴族和僧侶的偽善和醜惡，歌頌男女衝破封建偏見的愛情。他認為 人類天生是平等的，沒有貴賤之分，人類的骨肉都是用同樣的物質造成的，而人的靈魂則是上帝賜給的，任何人都有同樣的機能和效用，區分人類貴賤的只能是品德，而不是門第；書中還提出男女平等的思想，有人稱為最早的人權宣言。

瓦拉 (Lorenzo Valla，1407~1457 年) 出生於羅馬一個律師家庭。他的主要著作是《論享樂》。他認為，人們不應聽信教會的欺騙，而應當努力去追求現世的享樂。他甚至說，妓女比僧侶對社會更有用。在個人和社會的關係上，他主張個人高於社會，個人利益高於一切。他的享樂主

義思想充分展現了資產階級的個人主義。

皮科 (Giovanni Pico Della Mirandola，1463~1494 年) 是一位詩文相當出眾的義大利人。他的主要著作有《論人的尊嚴》。他認為，上帝創造人時，就給了人達到他一切目的的能力，上帝使人具有各種不同生物所特有的一切，上帝賜給人一個位居世界中央的位置，所以人的意志是自由的，能力是無限的。他的思想展現了資產階級的進取精神。

莎士比亞 (William Shakespeare，1564~1616 年) 是英國偉大的劇作家，歐洲文藝復興時期劇作家的光輝代表。他的作品是人類優秀文化遺產的重要組成部分。他生活在文藝復興潮流達到高潮的時代，作品充滿了人文主義思想。他提倡人的尊嚴，讚揚人的偉大，指出人性的不可抗拒。他宣揚人文主義的道德原則，反對封建的等級制度，鞭撻資產階級的極端利己主義，歌頌人間的仁愛和友誼。他在《哈姆雷特》中寫道：「人類是一件多麼了不起的傑作！在理性上多麼高貴！在才能上多麼無限！多麼文雅的舉動！在行為上多麼像一個天使！在智慧上多麼像一個天神！宇宙的精華！萬物的靈長！」從這些詞句中，我們可以看出他對人類的創造力是多麼的有信心。

這個期間，在人文主義精神的鼓舞下，還出現了許多優秀的畫家和繪畫作品。文藝復興精神的深刻表現之一是肯定自我和希望萬古流芳，因而紀念碑式的作品以及肖像畫和雕像遍地開花，從達官貴人到平民百姓的肖像和雕像應有盡有，大放異彩。馬薩喬的許多宗教畫開闢了繪畫的新模式，他的繪畫模式包含三個要素：樸素而厚重的寫實主義；高度讚美人的肉體和精神品質；運用中心線透視法作為合理布置人物的手段，從而使得形象藝術得以巨大發展。達文西的《蒙娜麗莎》和米開朗基羅的《大衛》都是刻劃人的不朽的作品，畫家以人文主義為基礎，高

度讚美人的肉體和精神品質。正如一位藝術史家弗朗卡斯特爾說的,「人從此認識了自己的自主性,他們為自己有分辨萬物的能力而感到驕傲,他們認為自己是在地球上推動和諧生活的主角。」人文主義正是人們創造新生活的精神武器。

― 宗教改革和人文主義 ―

隨著資本主義經濟萌芽的發展,隨著市民和平民階級的出現和興起,人們對封建教會的統治越來越不能忍受。人們開始用宗教異端的形式來表達他們的要求。他們開始要求恢復原始基督教的面貌,把《聖經》作為信仰的唯一依據,揭露教士的貪婪,反對教會的掠奪。平民的異端思想甚至要求在教區成員間恢復原始基督教的平等關係,甚至提出財產平等的要求。在文藝復興的人文主義思潮的鼓舞下,十五、十六世紀在歐洲掀起了大規模的宗教改革運動。恩格斯指出:「宗教改革 ―― 路德和喀爾文的宗教改革 ―― 這是包括農民戰爭這一危急事件在內的第一號資產階級革命。」正因為如此,近代意義的許多革命思想都在這場鬥爭中孕育萌芽。

馬丁‧路德 (Martin Luther,1483~1546 年) 是德國宗教改革中市民派的領袖。他出生於普魯士一個小城的普通農民家庭,非常熟悉窮苦人民的生活。1501 年入大學學習,1505 年畢業,又進修道院學習兩年,後任牧師和在大學講授神學。他先後寫了許多文章揭露教會的腐敗。

西元 1517 年,教皇利奧十世以修繕羅馬聖彼得大教堂為名, 大量出售所謂的「赦罪卷」,僧侶們聲稱,購買赦罪卷之錢投入錢櫃之時就是靈魂昇天之日。這種明目張膽的搜刮,引起了各階層人民的憤慨。路德把大家的意見寫成《九十五條論綱》,貼在維滕堡大教堂的門口,引起了

一場關於赦罪卷的辯論。路德指出人的靈魂的得救不需要僧侶為仲介，也不能靠向教會購買赦罪卷，而要靠自己虔誠的信仰。《論綱》問世後，德國掀起了轟轟烈烈的宗教改革運動。路德也被推到櫃檯成為運動的領導者。恩格斯描述說：「路德放出的閃電引起了燎原之火。整個德意志民族都投入了運動。」

路德的思想並非前後一致，開始他只想糾正教會的濫用職權和不當行為，並無整套宗教改革的計畫，後來隨著運動的深入和事態的擴大，他不得不對以前的思想加以修改。他從原來主張人民對國家抱絕對服從的態度改為人民自衛的思想，認為人民在暴君的壓迫和蹂躪下，為了自衛和自存可以採取反抗的行動。他當眾燒燬教皇的敕令，提出教會的土地應當收歸國有，號召組織一個脫離羅馬教皇的德國教會。他主張用政教分離來取代政教合一，認為教權不可以凌駕於政權之上。在他看來，國家是至高無上、神聖不可侵犯的，因為人總要為惡的，所以不可沒有國家。他強調基督徒在宗教上的自由外，又要求基督徒服從世俗的權力。他這種國家至上的思想後來為黑格爾所發展，希特勒也曾利用國家的神話來推行法西斯主義。

路德主張人人有權讀《聖經》，人人都可直接和上帝溝通，用《聖經》來反對教會和教皇的權威。路德強調《聖經》的目的是為了宣布基督徒是自由這一原則。他認為，對基督徒來說，自由是上帝最神聖的話，是基督的福音，這種福音的意義就是所有基督徒「不只是一切人的王和一切人中最自由的人，並且也永遠是祭司，一種比王位更高的地位」。《聖經》代表著理性，代表著思想自由。他的這些思想對當時的農民和平民產生了很大的影響。海涅認為，這種思想自由開出的一朵最重要具有世界意義的花朵就是德國哲學。

路德尤其反對出賣赦罪卷。他認為，每一個基督徒只要認真悔改，即使沒有赦罪卷也完全有權免除懲罰和罪惡。他主張《聖經》中的「因信稱義」說法，認為只有信仰和實行上帝的話才能帶來拯救，靈魂聽了上帝的話就是給靈魂以慰勉，使它免罪，使它自由，並且拯救它。

後來隨著運動的深入，國內爆發了農民起義，福音運動就有了社會運動的特點，農民和平民的要求遠遠超出市民改革運動的目的；加上反動統治者的鎮壓，路德於是倒向溫和派一邊，反過來指責農民的暴力。他不同情農民的平等思想，認為在政治社會中不平等的等級存在是必要的。這充分反映了他宗教改革的局限性。人們最終拋棄了他，用石子打他，在他門上塗焦油，斥他為「諸侯的家奴」。馬克思認為：「他把人從外在宗教中解放出來，但又把宗教變成人的內在世界。他把肉體從鎖鏈中解放出來，又給人的心靈套上了鎖鏈。」恩格斯也認為他最後「倒向市民、貴族和諸侯一邊去了」。

喀爾文 (Jean Calvin，1509~1564 年) 是瑞士的宗教改革家，出身於一個中產階級家庭。他先後在奧爾良大學和巴黎大學攻讀神學和法律，是一位受過嚴格訓練的律師，因而能為宗教改革運動建立一整套合乎邏輯、概念明確的理論體系。他的主要著作有《基督教原理》和《信仰指南》。1541 年他在日內瓦創立喀爾文教，並自任首領，成為日內瓦政教合一的地方共和國領導人。

他對路德的宗教改革思想進行了揚棄，吸收其革新的部分，剔除其反映封建貴族意志的消極成分，創立了合乎資產階級要求的新宗教。他關於有秩序的共和國的觀念、關於由教民選舉長老的觀念、關於教區議會的觀念，對後來西方的民主政治和社會生活都有深遠影響。

喀爾文對奧古斯丁的預定論和路德的「因信稱義」論以新的解釋，

將預定論作為他宗教改革的理論基礎。他強調宿命論思想，認為宇宙無一事不是上帝所預定的。在他看來，人的不同命運，都是上帝的揀選，不依個人的善惡功過而轉移，誰得到拯救也是上帝預定好的，是無條件的賜予，不受條件的影響。作為一個基督徒，只能靠上帝的恩典而免入地獄，因為上帝早在一個人出生之前就預定好誰是他的選民而得救，誰是他的棄民而遭永罰。這種上帝永恆的判決稱之為預定。但是，他不是要人們去消極地等待判決。在他看來，塵世是為了榮耀上帝、而且僅僅為了這個目的而存在。被挑選的基督徒在現世的唯一目的就是盡其所能尊從上帝的誡律，以便增加上帝的榮耀。上帝要求基督徒在社會方面要有所成就，因為上帝希望社會生活按照他的旨意組織起來。按照這樣的邏輯，人在社會生活和事業上的成功，只要合乎上帝的目的和善，就是得救的客觀根據。

喀爾文非常重視人們的經濟活動。他認為社會必須有資本，有信用業，有金融活動，依靠經營和投資所得的利潤、利息與薪資所得一樣都是正當的。財富並非罪惡。《聖經》裡的阿伯拉罕就是一個有牛羊、有錢財、有子女、有一切的大富翁。凡是經濟活動中取得成功的各種美德都是新教的生活基礎。這就是宗教個人主義。喀爾文的這番解釋合乎正在發展的資產階級發家致富、擴大累積的要求，一反中世紀基督教輕視財富的觀念。恩格斯就指出：「在路德遭到失敗的地方，喀爾文卻獲得了勝利。喀爾文的信條適合當時資產階級中最勇敢的人的要求。他的先定學說，就是下面這一事實在宗教上的反映：在商業競爭的世界中，成功與失敗不取決於個人的活動和才智，而取決於不受他支配的情況。起決定作用的不是個人的意志或行動，而是未知的至高的經濟力量的擺布……」

喀爾文深受《摩西法典》的影響，他把一種法治的觀念和有秩序的理性貫徹到他的社會政治思想中。他的目的是要把思想和意志、教會和國家、自己的生活和他人的生活置於法律的管轄之下。他對教會組織採取了一種具有民主平等精神的共和制形態，這對後來西方的政治造成促進民主和自由的作用。他贊成貴族式的政治制度，要求國家有強而有力的統治者；人民要服從政府，遵守法律，人民的日常生活要受清教徒主義所制定的制度和紀律的嚴密管制。他將日內瓦城市委員會設計成政教合一的「上帝之城」，政府和教會的權力在神聖的戒規的指導下共同發揮作用。關於教會組織，他反對教皇制，主張用共和制原則來改革教會，主張基督教堂由信徒選出的長老管理，教區議會由各教堂長老和牧師各一人組成，神職人員之間和神職人員與信徒之間必須保持平等的關係。恩格斯認為，喀爾文的新教組織「以真正法國式的尖銳性突出了宗教改革的資產階級性質，使教會共和化和民主化」。恩格斯還認為，喀爾文新教為英國發生的資產階級革命的第二幕提供了意識形態外衣，在上帝的王國已經共和化的地方，人間的王國還能從屬於君王、教主和領主嗎？宗教改革的社會作用就在於為資產階級革命掃清道路。

人文主義和科學革命

文藝復興時期的人文主義無疑對當時自然科學的發展產生巨大的影響。但是，以往的科學史研究者往往停留在人文主義啟發了人們的思路、解放了人們思想的層面上。杜布斯則提出一種新的見解，他認為崇拜古人是文藝復興時期的明顯特徵。在十五世紀，人們熱烈搜求著新的經典原本，每一項新的發現都被當作偉大的成就而受到歡呼。杜布斯認為，科學革命最初的一些巨匠們都是力圖恢復古代傳統並在這種傳統中

工作的。他說：「離開了托勒密或蓋倫這類知識淵源和背景，就無法理解哥白尼和維薩留斯的工作。甚至一個世紀以後的威廉·哈維還自認為亞里斯多德者，並 聲稱受益於蓋倫。」杜布斯的觀點，如果從思想史或認識史的角度來解讀的話，就是說在舊思想和新思想之間往往有一種互相啟發的關係，對那些科學巨匠來說，對古人的崇敬並不妨礙他們對古人錯誤的改正。按照杜布斯的看法，人文主義崇敬古人的本意可能是維護這些權威，然而隨著對古人數據的增補和修正，新的觀念就出現了，新的科學革命可能就是這樣產生的。在新的哲學和新的方法的指導下，有一些人勇敢地站出來，他們認為我們根本不能引證古人、希臘人的觀點來作為論據。如發現血液循環的哈維雖然對亞里斯多德和蓋倫極為崇拜，但他卻主張，無論學習或講授解剖學，都不應該死讀書是從，而應依據實際的解剖；不應從哲人的觀點，而應從天然的結構出發。科學家們必須開始建立起關於事實、觀察和實驗的新範疇。培根的方法本質上是實驗的、定性的和歸納的，而笛卡兒的方法則本質上是推理的、機械的和演繹的。當笛卡兒的機械論哲學被應用於人和生物的時候，以前一直占統治地位的各種「生命力」的觀念就被驅逐到一邊。笛卡兒本人的工作在後來十七世紀晚期的醫學和物理學派的發展中起著重要作用。因此，科學革命的最初興起，是與新的科學方法的形成分不開的。從認識的經驗來看，新的方法和哲學必然要在傳統的摸爬滾打中開闢出一條新路來。

近代科學革命的另一促進因素是數學方法的運用。它的最初興起也是得益於人們對柏拉圖主義和畢達哥拉斯主義的痴迷。數學對音樂的作用是最明顯的，所謂和音就是音程中數的和諧關係。在建築設計中也能看到這種和諧準則，難怪歌德把建築看成是凝固的音樂。似乎藝術只要

帶上數字的特徵，就會上升到更加崇高的地位。作為邏輯學家的羅素就說：「對事物中數字結構的理解於是給予人駕馭其周圍環境的新力量。在某種意義上它使人更像上帝。畢達哥拉斯派曾把上帝看作至高無上的數學家。如果人能在某種程度上運用並改進他的數學技能，他就能更加接近於神的地位。這並不是說人文主義是不虔誠的，或者與公認的宗教相對立。但是這確實表明，當時流行的宗教實踐有被當作例行事務的傾向，而實際上點燃思想家想像之火的是古代前蘇格拉底時期的學說。這樣，在哲學領域內，一種新柏拉圖主義的氣質再度抬頭。對人的力量的重視使人回憶起雅典在其力量達到頂峰時的樂觀主義。」可以這樣說，數學方法的應用在最初的科學革命中造成了極大的推動作用。開普勒概括的支配行星執行的數學法則或伽利略提出的關於運動的數學表示式都是近代科學發展史上的裡程碑。伴隨著數學方法在自然科學中的應用，數學本身也有了新的進展。萊布尼茨和牛頓分別發明了微積分，這些方法又很快被當時的科學家們所掌握，成為他們從事科學研究的工具。

　　無論是自然科學還是人文科學，它的知識大廈都是無數個人添磚加瓦逐漸建立起來的，只不過有人新增的是更上一層樓的革命性的磚瓦，有人新增的只是作為中間環節的磚瓦。人類在認識過程中不知要經過多少思想上的反覆、比較、猶豫、試探、猜測；即使在錯誤的認知模型中，也可能包含有積極因素。蓋倫對循環系統的描述就具有這樣的特殊意義。文藝復興時期的人們正是透過發現他的著作中的錯誤而形成了一種血液流動的新觀念。蓋倫認為，血液形成於肝臟，並從那裡流出來，透過靜脈而流布到全身各部位。靜脈血液含有豐富的自然精氣，具有營養身體組織的功能，同時帶走廢物，被送出來的這部分靜脈血液最後流到了右心室。蓋倫假定，在左右心室之間存在著毛孔，極少量的靜脈血

液透過這些毛孔流到了左腔。在這裡，這部分血液和來自肺部的空氣混合在一起，形成了生命所需要的精氣。文藝復興時期，隨著解剖學的發展，維薩留斯否定了蓋倫關於心臟的中膈有毛孔的錯誤觀念，從而為哈維的血液循環理論奠定了基礎。從某種意義上說，科學家和思想家都是站在前人的肩膀上前進的。從哥白尼到開普勒，再 到伽利略，再到牛頓，我們可以看到近代自然科學的發展是如何一步一步前進的。哥白尼貢獻了具有革命意義的日心說，開普勒在第谷觀測的基礎上貢獻了行星執行的模型，伽利略透過斜面和擺的實驗和思想實驗貢獻了星體運動的規律，到了牛頓被上升提高為一切物體的運動規律，形成了嚴密的力學理論。在前面談及的剩餘價值學說史中，我們可以看到經濟學說的發展也有類似情況。

總之，最初科學革命的興起與文藝復興時期的人文主義思想的促進是分不開的。這種促進要從兩種意義上來了解，一是它促進了對古典文化的研究，正是這種研究導致了對自然科學的興趣和對傳統自然哲學的修正和革新；一是促成了新的科學研究方法的形成，尤其是數學方法的應用，這是一種深遠的影響。當然，推動科學發展的根本動力是社會生產力的發展，是技術的發展。在那個時代，技術的發展至關重要。培根在《新工具》中就這樣說：「再沒有比那三項對古人來說一無所知的發明（即印刷術、火藥和指南針）更為引人注目的了。這三項發明改變了整個世界的面貌和狀況；第一項之於文獻，第二項之於戰爭，第三項之於航海，隨之而來的是無以數計的變革。從這個意義說，在人類活動中，任何帝國、任何教派、任何星辰都不如這些機械的發現更具有力量，更具有影響。」

啟蒙運動時期的西方思想

― 啟蒙運動和理性主義 ―

啟蒙運動通常是指十七、十八世紀的那一次啟蒙運動。啟蒙運動起源於西方民族對思想自由的要求，也是文藝復興時期人文主義思想進一步發展的結果。它一方面是由於西方民族的成熟、社會發展的需要所引起，同時也是自然科學的成功發展所引發的自信心以及隨之而來的對人類理性的崇拜。啟蒙運動的理論表現是理性主義，是人文主義的進一步具體化。此時人們已從對人的崇拜，進到相信人類的理效能夠完美地了解整個世界。就宗教的角度來看，人們開始厭惡各種宗教長期分裂的狀況，企圖在人類共同的理性中找到某種統一和和諧的原則。於是，有人在各種不同的宗教中尋找共同點，終於找到了一種純理性的宗教，也就是自然神論。西方啟蒙運動從英、法兩國開始，然後擴展到德國和荷蘭等諸多國家，湧現了許多思想家。他們都以理性主義作為思想武器，將思想批判的矛頭指向封建主義，直接為資產階級革命鳴鑼開道。這些啟蒙學者一般都是比較徹底的唯物主義者，他們反對宗教迷信，提倡科學，或者本人就是科學家，力圖把人類生活和思想的每個部門都世俗化，主張開關一個非宗教的理性時代。他們比較重視社會問題、政治問題，希望向人們展示一條通向科學和理性的道路，透過科學知識的傳播為封建制度統治下的歐洲帶來光明。

按照馬克思的說法，他們是「為行將到來的革命啟發過人們頭腦」的偉大人物。這些思想家在英國有洛克、休謨、霍布斯等，在法國有伏爾泰、孟德斯鳩、盧梭等，還有德國的萊布尼茨、康德等。本節將著重介紹更具代表性的法國思想家的思想。

— 理性主義和浪漫主義 —

在這一時期的文化思潮中，作為啟蒙運動的對立面，還有浪漫主義的思想的興起。浪漫主義思想運動起自十八世紀末期到十九世紀中葉，但它的影響直到今日尚未消失。從歷史的觀點而論，浪漫主義起自對過分強調理性和普遍概念的啟蒙運動的反動。德國的唯心主義哲學與浪漫主義之間有許多對立，同時也有許多相互間的影響。浪漫主義推崇情感，主張想像力的創造性發揮，堅持美感第一的美學標準，康德、黑格爾、費爾巴哈都受到浪漫主義的影響。其中，康德和黑格爾對歷史演變的見地和費爾巴哈對人性的理解，都在他們唯心主義或唯物主義哲學觀點的基礎上帶上理想化的浪漫色彩。

浪漫主義是多姿多彩的，其共同點就是用豐富的生命哲學來取代理性與概念。就此而言，不少哲學家應視為理性主義與浪漫主義某種形式的結合。如康德、黑格爾就是把理性在某些方面加以浪漫主義膨脹，從而使他的觀點成為某種脫離現實的東西。羅素認為，浪漫主義對哲學的影響產生了兩種相反的東西，一種是過分強調理性以及虔誠的希望的浪漫理性主義，一種是表現為對理性的低估的非理性主義，後來的尼采就屬於後者。因此，浪漫主義不是什麼嚴格的思想體系，往往是人們用來指思想家、哲學家的某種傾向或表現。在歷史哲學中我們可以見到從浪漫主義發展為歷史主義的軌跡。黑格爾哲學把任何歷史形式都納入絕對

觀念發展過程的必然地位之中,這樣歷史形式就有了超時間的有效性,歷史事實的獨特性被取消了,歷史的自由和不可歸約性也被否認了,成為一種思辨的歷史主義。赫爾德的歷史哲學的思想則不同意許多啟蒙運動思想家忽視歷史特點的觀點,他不把歷史看作是人性的普遍特徵的表現,而強調歷史在不同民族、不同歷史時期的特徵,當然這並不妨礙人們去研究歷史事實之間的聯繫和規律性。

這些變化說明在思想史中不同思潮的互相補充和迭起是合乎規律的。任何時候,人類的思想發展都不是鐵板一塊。有理性主義的發展,就有浪漫主義的補充;有浪漫主義的揮灑,就有歷史主義的規範。具體思想家的思想則更複雜,更需作具體分析。

― 伏爾泰的社會思想 ―

伏爾泰 (Voltaire,1694~1778 年) 出生於巴黎一個富裕的資產階級家庭。他在一所法科學校畢業後,先後擔任過法國駐外使團的祕書和法庭書記。他喜歡文學創作,經常以鋒利的語言批評封建等級制度和教會的腐敗,他因諷刺貴族以及和貴族發生衝突而兩度入獄。後來他流亡英國,在那裡他考察了英國的政治制度,學習了洛克的唯物主義和牛頓的物理學。他的重要著作《哲學通訊》就是在英國的學習心得。著作出版後就遭到查禁,巴黎最高法院下令逮捕他,他不得不逃到鄉下。他還寫了一些重要的歷史著作,如《路易十四時代》、《彼得大帝統治下的俄羅斯》、《議會史》等。他去世時,人們在他的靈柩上寫上這樣一句話:「他教導我們走向自由。」這是人民對他最好的評價。

伏爾泰關於平等和自由的思想,是他在當時法國最具有啟蒙意義的東西。他有一句名言:難道農民的兒子生來頸子上帶著軛,而貴族的兒子生

下來在腿上就帶著踢馬刺嗎？對他來說，平等意味著反對等級和封建特權。他認為，人是生而平等的。他說：「一切享有各種天然能力的人，顯然都是平等的；當他們發揮各種動物機能的時候，以及運用他們理智的時候，他們是平等的。」然而，他並沒有將這種平等的原則貫徹到社會和政治領域。他的平等主要是反對封建等級制度，是機會平等和人格上的平等。他出於資產階級的本能，認為社會中不可能不抽成兩個階級，一個是富人階級，一個是窮人階級，他嘲笑那些主張財產平等的人是「掠奪富人的窮光蛋哲學」。這樣他自己就陷入不可自拔的矛盾境地之中。在他為《百科全書》所寫的「平等」的辭條中，他說：「平等既是一件最自然不過的事，同時也是最荒誕不經的事。」所以，他所說的平等就是後來資產階級視為天經地義的機會平等和人的自然能力的平等。正如他所說的，中國的皇帝、印度的大蒙兀兒、土耳其的帕迪夏不能向下等人說「我禁止你消化、禁止你上廁所、禁止你思想」一樣。此外，他還從人性的自私自利本性出發，認為人們不可能也不應該是平等的，因為人人都有一種強烈的傾向，喜歡統治、財富和歡樂，願意得到他人的金錢和妻女，願意奴役別人，因此出現不平等是必然的，平等只能按照資產階級的意願理解為在財產私有權面前的平等。

伏爾泰關於自由的思想也是如此。在他為《哲學辭典》「自由」寫的辭條中，他說：自由就是「試著去做你的意見絕對必然要求的事情的那種權力」。在他看來，自由是人人享有的天賦權利。他十分欣賞英國在君主立憲政治制度下的自由。首先英國人有「人身和財產的全部自由」，有信仰的自由，「每個人都可以按照他自己的方式供奉上帝」，有「用筆向國家提意見的自由」，有權發表一切 想法，法律保障他的言論和出版自由，以及公民「只能在一個由自由人所組成的陪審員面前才可受刑事審問的自由；不管什麼案件，只能按法律條文的規定來裁判的自由」，等

等。看來，他所理解的自由並沒有超出英國式的自由的範圍。但是，有一點他是按照資本主義的現實直言不諱地說出來的。他在《哲學辭典》的「財產」條目中說：社會並不需要農民成為富人，而是需要這樣一種人，在他的身上除了一雙手和一片善良的心願以外什麼也沒有，他們將自由地將他們自己的勞動出賣給出價高的人，他們用這個自由來代替財產。這說明他同情農民的不幸是為了把他們解放出來使他們成為勞動力的自由出賣者。在這一點上他是坦率的。

伏爾泰是用自然的人性來說明社會起源的。他認為，人與人之間有一種自然的愛慕之情，最高等的群居動物，感情永遠改不掉，是社會的永恆聯繫和根本法律。人的本性還表現在人人都有自然賜予的人類理性上。人人都有一雙勤勞的手和靈活的頭腦，能概括觀念和使用語言，這些特性保證了人類的進步和社會的發展。此外，人還有自然的宗教的本性。他認為宗教不是神職人員的發明創造，而是人在夢中夢見故人而產生靈魂的觀念，人們為了躲避這些可怕的靈魂，要求保佑，從而產生了宗教。他認為國家不是產生於契約，而是產生於暴力，當兩個民族相衝突、發生戰爭時，強而有力的領導人就會成為君主。但是國家有保衛人民社會地位和自然權利的責任，這是統治者和被統治者的內在關係。如果統治者不能保障自然法和自然權利，被統治者就有權進行反抗和革命。在他看來，萬事都應順乎自然，合乎理性，過自然的生活就是使自己成為自由的人，他認為，自然法是合乎理性的，法律是自然的女兒，每個精神健全的人的心中都應有自然法的概念，這就是正義，是人性中永恆不變的東西。任何國家、任何時代的人民都不會把搶奪、毀約、說謊、殺人、下毒、忘恩負義、毆打父母看成是正義。

在政治體制方面，伏爾泰十分欽佩英國的君主立憲制度，有時也談

到共和制度的合理性和優越性。他讚美瑞士的共和制度，認為那是真正平等的政治體制。但他認為共和制容易產生黨爭，引起內戰，破壞國家的統一。對於英國在資產階級革命後建立的制度，他讚不絕口。在他看來，英國的憲法和法律有三方面的優點：第一，限制了王權和貴族的權力。他說：「英國是世界上抵抗君主達到節制君主權力的唯一國家；他們由於不斷的努力，終於建立了這樣開明的政府：在這個政府裡，君主有無限的權力去做好事，倘使想做壞事，那就雙手被縛住了；在這個政府裡，老爺們高貴而不驕橫，且無家臣；在這個政府裡，人民心安理得地參與國事。」第二，憲法保證了議會的權力。在他看來，上院和下院是國家主宰的權力結構，達到了國王、貴族和市民勢力的平衡，使各方面的利益都能得到照顧，同時議會制也展現了主權在民的原則。他相信下院是為了人民的，因為在那裡每個議員都是代表人民的議員，因而下院是道道地地代表著全民族。第三，法律還能保護資產階級的私有財產。他讚揚商業使英國富足和強大，法律保護商業，社會也不歧視商人。他借用英國人的口氣說：我們勝利的艦隊把我們的光榮帶至四海，而法律保障了我們的財富。

總之，他雖然用辛辣諷刺的筆法寫了大量文學作品，激烈地攻擊封建專制制度和教會的「敗類」，但是他的政治思想卻是相對溫和的。他雖有自由主義的思想，卻不擁護民主。他與許多資產階級思想家一樣，看不起下層群眾的智慧和力量，把希望寄託在開明君主的身上。

─ 孟德斯鳩的社會思想 ─

孟德斯鳩 (Charles Montesquieu，1689~1755 年) 出身於一個貴族法官家庭。早年就讀於波多爾大學，畢業後任律師。1714 年當選為市參議

員，後來繼承監護人伯父的遺產和官職，任省高等法院院長。1716 年被選為波爾多科學院院士。他有實際工作的經驗，又有理論修養，決心在科學研究方面做出成績。1721 年他出版的 《波斯人信札》從多種角度對法國社會進行抨擊，反映了法國新興資產階級的思想感情，使得路易十五拒絕批準他為法國科學院院士。1734 年出版了《羅馬興衰原因論》，書中他第一次闡述了他的社會理論，探索了歷史發展的原因。1748 年又發表了《論法的精神》，全面系統地闡述了自己的社會學、法學和歷史理論，成為一部劃時代的作品。由於他書中的方法是從經驗事實出發，透過歸納而得出某些結論，人們將其譽為近代實驗社會學的真正開端，把他稱為資產階級法學理論的奠基人之一。

他的法學理論是從自然法出發的。他說：「從最廣泛的意義來說，法是由事物的性質產生出來的必然關係。從這個意義上，一切存在物都有它們的法。」在他看來，理性就是人類社會建立以前就存在的規律，在所有這些規律之前存在的，就是自然法。所以，自然法也就是人類理性。他認為這種自然法有四條：第一，是和平，他不同意霍布斯的互相戰爭論，因為在自然狀態下，人人感到力不如人，因此就不會互相攻擊，戰爭是人類有了社會以後的事；第二，是覓尋食物，在自然狀態下，人除了感到軟弱外又感到匱乏，必須設法養活自己；第三，是性依戀，畏懼感使人互相接近，性依戀又增加了人們的快樂，這是人們之間的相互祈求；第四，是人類的社會慾望，人類對知識的追求使人類有組成社會、過社會生活的要求；人為法是人類在進入社會和國家之後所適用的法。前三種自然法是人類和動物所共有的，第四種自然法是人類所特有的。在自然法的觀點方面，他與其他啟蒙學者是相同的，不過在具體解釋上不同。他不同意社會契約論，認為原始人的結合是出於人生的需要，並

非自願以契約為根據，社會起源於自然的演進，並非契約的訂立，人類進入社會後，軟弱感消失了，平等關係又終止了，於是戰爭就開始了。有人與人之間的戰爭，也有國與國之間的戰爭，為了控制這種戰爭，就不得不有法律和政府，一個社會沒有法律和政府就無法生存下去。這種自然法的理論目的，在於用來證明封建制度的法律和國家制度不合乎人類理性，而必須用資產階級的國家和法律取代之。他指出，人類理性之偉大崇高，就在於它能夠很好地認識到法律所要規定的事物，應該和那一個主要體系發生關係，而不致攪亂那些應該支配人類的原則，歸根到底要用理性來判斷一切。

孟德斯鳩也是社會學地理學派的創始人之一。他認為，地理環境，特別是氣候、土壤和居住地域的大小，對一個民族的性格、風俗、道德、精神風貌甚至法律和政治制度都有深刻的影響。他尤其強調氣候的作用。他說：「法律應和國家的自然狀態有關係；和寒、熱、溼的氣候有關係；和土地的品質、形勢與面積有關係；和農、獵、牧各種人民的生活方式有關係。法律應和政制能容忍的自由程度有關係；和居民的宗教、性癖、財富、人口、貿易、風俗、習慣相適應。」

關於氣候對人性格的影響，他充分運用了當時生理學的知識來作論證。他認為冷熱空氣對人體外部的纖維末梢刺激程度的不同，會影響血液的迴流和末梢的鬆弛或緊張程度，從而影響人的體質和性格。如氣候「炎熱國家的人民，就像老頭子一樣怯懦；寒冷國家的人民，則像青年一樣勇敢」。他甚至認為氣候還會影響到政治制度和宗教。他說：「當我們看到，熱帶民族的怯葸常常使這些民族成為奴隸，而寒冷氣候民族的勇敢使他們能夠維護自己的自由，我們不應當感到驚異。」他還用氣候的炎熱來解釋佛教教義的產生。他認為印度過度的炎熱使人萎靡疲憊，靜

止是那樣的愉快，而運動是那樣的痛苦，這很自然就產生靜止、虛無、無為等被認為是最完善的境界，被認為是萬物的基礎和終結。佛的教義是由氣候上的懶惰產生的，這就產生了無數的弊端。

　　毫無疑問，他這些思想著重從地理環境、生活方式去尋找社會 發展的原因，較之從主觀精神去說明社會歷史是有積極意義的，但過分誇大地理環境的作用，尤其是氣候的作用，則是錯誤的。

　　孟德斯鳩關於政體的看法與多數資產階級思想家一樣，把政體抽成共和、君主和專制三種。他把共和政體又抽成貴族型和民主型的。他還把政體的性質和政體的原則加以區分。他認為：「政體的性質是構成政體的東西；而政體的原則是使政體行動的東西。一個是政體本身的構造；一個是使政體運動的人類的感情。」他還進一步論證說，專制政體以恐懼為基礎，君主政體以榮譽為支柱，貴族政體以溫和為特性，民主政體建築在政治道德和愛國主義精神的基礎上。在他看來，每一種政體都有其弊病和缺點，只要能適合國情和需要就是好的政體。如果政體不適合國情，就可能爆發革命。國民的政治道德如沒有達到一定的水平及無平等精神時，民主政體也不可能建立起來。馬克思曾經指出：「孟德斯鳩認為君主政體的原則是榮譽，他完全錯了。他竭力在君主政體、專制制度和暴政三者之間找區別，力圖逃出困境；但是，這一切都是同一概念的不同說法，它們至多隻能指出在同一原則下習慣上有所不同罷了。」看來，以感情和道德品質來區別政體是不會成功的。

　　實際上，孟德斯鳩所嚮往的政體是英國的君主立憲政體。他的政治自由和三權分立的思想對後來的美國革命有深刻影響。他認為自由被濫用了，沒有一個詞比自由有更多的涵義。他把自由和法律聯繫起來，認為自由僅僅是一個人能夠做也應該做的事情，而不被強迫去做他不應該

做的事情。「應該」和「不應該」要以法律為界線。所以，自由是做法律所許可的一切事情的權利；如果一個公民能夠做法律所禁止的事情，他就不再自由了。他還把自由抽成兩種：一種是政治自由，這是人民和國家的關係中產生的，就是在法律許可的範圍內，人民可以依自己的意願行事；一種是民事自由，它是從人與人的關係中產生的，和自然法有密切關連，如人人不被奴役的自由。

為了使人民享有政治自由，他認為必須建立三權分立的國家政治體制。他還從歷史經驗出發，指出：「一切有權力的人都容易濫用權力，這是萬古不易的一條經驗。」因此，為了防止掌權者濫用權力，就必須「以權力約束權力」。所以，他認為把立法權、行政權和司法權區分開來，使之互相制約、平衡發展，乃是確保公民政治自由的必要條件。為什麼必須這樣做呢？他解釋說：「當立法權和行政權集中在同一個人或同一機關之手，自由便不復存在了」，因為這個人或這個機關可以用暴力的方法來執行他們自己制定的法律。「如果司法權不同立法權和行政權分立，自由也就不存在了。如果司法權同立法權合而為一，則將對公民的生命和自由施行專斷的權力，因為法官就是立法者。」「如果同一個人或 —— 同一機關行使這三種權力，即制定法律權、執行公共決議權和裁判私人犯罪或爭訟權，則一切便都完了。」這種三權分立的學說是以英國政治為設計藍本而提出的，是西方整個資產階級革命時代的產物，並對後來西方國家的政治建設起重要的影響作用。孟德斯鳩三權分立的學說，說到底是為保護資產階級財產私有制服務的。而且，他還為君主留下一定的地盤，他只是用三權分立來限制君主的權力。與後來盧梭的人民主權說相比，明顯表現出它的不徹底性和妥協性。

─ 盧梭的社會思想 ─

盧梭 (Jean Jacques Rousseau，1712~1778 年) 出身於日內瓦一個手工業鐘錶匠家庭。16 歲離開日內瓦到法國等地流浪，做過僕役、學徒、祕書和教師，生活在下層勞動人民中間，對城鄉人民的貧困生活有深刻的了解。

1749 年，第戎科學院發起有獎徵文，題目是《科學與藝術的復興能否敦風化俗》。他以《論科學與藝術》一文應徵，文中論證了科學與藝術的發展會敗壞風俗。該文得頭等獎，使他一舉成名。他的第二次應徵論文《論人類不平等的起源和基礎》則未能得獎。 1762 年出版了《社會契約論》。他另有一部分手稿，大約寫於 1754 年，現存日內瓦圖書館中。

盧梭是啟蒙運動中最激進的思想家。他的關於平等和人民主權的理論鼓舞了後來的許多人民群眾的革命鬥爭。正如馬克思所說：「盧梭不斷避免向現存政權作任何即使是表面上的妥協」。

盧梭的平等思想和人民主權思想是他的學說中最為寶貴的內容。他研究了人類不平等的起源和基礎，指出了不平等的起源是在於私有制。在他看來，在自然的狀態下存在著一種真實的平等，那時，即使人們在體質上有差別，其影響也幾乎等於零。由於人類學會了使用工具和火，發明了農業和冶金術，產生了私有制和財產的不平等，於是就有了統治和奴役，人們進入了互相掠奪的戰爭狀態。然後隨著法律對強者和弱者的確認，不平等就進入第二階段。到了暴君把一切人都變成奴隸，確認了主人和奴隸的關係，不平等就進入第三階段。

他顯然了解：法律上的平等不等於事實上的平等，沒有一定程度的平等，自由就等於一句空話。他認為即使不能做到事實上的絕對平等，也應盡量縮小人們的事實上的不平等，以不使權力過大的人實行暴力，

過分富裕的人為所欲為。他非常欣賞洛克的一句格言：「在沒有私有制的地方是不會有不公正的」。他希望盡量縮小貧富之間的差距。他說：「要想使國家穩固，就應該使兩極盡可能地接近；既不許有豪富，也不許有赤貧。這兩個天然分不開的等級，對於公共幸福同樣是致命的；一個會產生暴政的擁護者，而另一個則會產生暴君。他們之間永遠在進行著一場公共自由的交易：一個購買自由，另一個出賣自由。」關於不平等是怎樣產生的，盧梭有一段名言：「自從一個人需要另一個人的幫助的時候起；自從人們覺察到了一個人據有兩個人食糧的好處的時候起；平等就消失了、私有制就出現了、勞動就成為必要的了、廣大的森林就變成了須用人的血汗來灌溉的欣欣向榮的田野；不久便看到耐用和貧困伴隨著農作物在田野中萌芽和滋長。」在他看來，人類的一切災禍都是私有財產的第一後果，同時也是新產生的不平等的必然產物。按照這樣的邏輯，只要向前再跨出一步，他就會得出消滅私有制以實現社會平等的結論。然而階級局限性使他無法跨出這一步。因為對資本主義的經濟關係來說，「整個社會的第一個法則就是：在人和人或物和物之間要有某種協定的平等」。因此他認為：財產權的確是所有公民權中最神聖的權利，它在某方面，甚至比自由還重要。這些都是近代資本主義經濟需要的反映。他主張防止財富分配的極端不平等的思想，也為後來有的資產階級思想家所接受，如徵收財產累進稅、限制繼承權、國家干預經濟等防止兩極分化的主張，都展現了人民的一種願望；他的理想是「既沒有乞丐，也沒有富豪」。

　　盧梭的社會契約論的思想也是比較系統的，是他的政治思想的重要組成部分。他在書中一開始就說：「人是生而自由的，但卻無往不在枷鎖之中。自以為是其他一切主人的人，反而比其他一切更是奴隸。」他

的《社會契約論》正是要回答這種變化是怎樣形成的。人既然是生而自由和平等的,怎麼會轉化為它的對立面呢?他不同意亞里斯多德、霍布斯和格勞秀斯的有人天生是奴隸的看法或者用強力和轉讓來解釋,他是用社會公約或社會契約來解釋的。這就是「要尋找出一種結合的形式,使它能以全部共同的力量來衛護和保障每個結合者的人身和財富,並且由於這一結合而使每一個與全體相聯合的個人又只不過是在服從自己本人,並且仍然像以往一樣自由」。按照他的看法,參加約定的人從中得到了約定的自由而放棄了自己的天然的自由。是有失也有得,而且是得的更多。因為他雖然把一切權利全部都轉讓給全體,這樣他就能得到自己所喪失的一切東西的等價物以及更大的力量來保全自己的所有。也就是說,這種社會契約是互惠的。這當然是一種很理想的狀態。這種結合所形成的公共人格,以前稱為城邦,現在稱為共和國或政治體,當它是被動時,它的成員稱它為國家,當它是主動時,稱它為主權者,這些結合者集體就稱為人民。這樣他就說清了他一些政治哲學的基本概念。

其次,他用公意理論來說明自由和服從的辯證關係,這也是他理論的一種特色。在他看來,為了使社會公約不致成為一紙空文,就要有能迫使其成員服從的公意。有人拒絕服從公意,全體就迫使他服從,也就是說迫使他自由,迫使他有祖國從而保證他免於一切人身依附的條件。沒有這種公意,政治機器就不能靈活運轉,社會規約就會成為荒謬的暴政。當人們從訂約前的自然狀態進入社會狀態,人類就會發生十分注目的變化。人們的行為被賦予前所未有的道德性。正義代替了本能,義務代替了衝動,權利代替了嗜慾。這時,人們服從自己為自己所規定的法律就是自由。服從和自由的辯證法就是如此。

他還區別了公意和眾意。公意只著眼於公共的利益而眾意則著眼於

私人的利益，眾意只是個別意志的總和。所以公意永遠是公正的，永遠以公共的利益為依歸。公意享有最高的權威。

他的人民主權的思想也是很有價值的。在他看來，人民作為整體就是主權者，這個主權者就是最高的權威。人民的主權是不能轉讓的，不可分割的，也是不能加以限制的。主權不能轉讓，轉讓就等於出賣自由，出賣自己的生命。主權不可分割，分割就不成其為公意的展現。主權不能限制，限制就意味超越主權之上，主權也消失。他反對英國的代議制，認為代議制是人民腐化、國家敗落的象徵。他認為英國人民只有在選舉議會議員時才是自由的，選舉之後不過是奴隸，人民等於零。因此，他主張人民直接行使主權，強調人民是政治活動不可缺少的主體。他說：「立法權力是屬於人民的，而且只能屬於人民。」「行政權力的受任者絕不是人民的主人，而只是人民的官吏；只要人民願意就可以委任他們，也可以撤換他們。」他不是像霍布斯那樣把人民排除在政治生活之外，也不像洛克那樣讓人民只是參加議會的議員選舉，而強調人民的參與。他還認為，如果暴君踐踏法律，奴役臣民，人民就有權利以革命的行動來恢復自己的權利，使不平等轉變為更高級的社會契約的平等。他十分注意政府的蛻化問題，設想用人民的定期集會來監督官員以決定政府的去留，即決定是否保留現有政府，是否同意官員繼續當政。

盧梭的思想在西方產生強烈和深遠的影響。後來美國的《獨立宣言》、法國的《人權宣言》，都可以看到他的思想的影響。羅伯斯庇爾把他稱為法國革命的導師。雖然他和一切革命的先驅者一樣都受他們時代的限制，但是他仍是啟發人們起來革命的偉大思想家。

英國、法國和美國革命時期的西方思想

　　英國、法國、美國的資產階級革命，都經歷了長期的鬥爭，甚至是流血的鬥爭。像這樣可歌可泣的革命鬥爭，沒有革命思想的指導和激勵是不可想像的。

── 英國資產階級革命的思想基礎 ──

　　西方近代史上的 17 世紀英國資產階級革命和 18 世紀法國和美國資產階級革命都是近代史上重大的歷史事件。這些革命都有千百萬群眾參加，人們懷著革命的激情，經歷了許多激動人心的時刻和多次的歷史反覆。這幾次革命都極富有成果，既有激進的思想，又有保守的思想。

　　首先，我們來看看英國的革命。英國革命的最大成功就是形成了英國憲政的傳統，這是和英國的特殊的歷史發展和政治文化分不開的。

　　英國具有與歐洲大陸不同的貴族制度，它是開放的。在諾曼人征服英國後，自由土地者只要年收入不低於 20 英鎊，就能接受騎士的稱號成為貴族。這些新貴族往往比較開明，對正在發展的資本主義商業活動採取寬容的態度，甚至參加進來。只有少數的封建貴族採取封閉的態度，仍以封建的方式經營土地，很少與市場發生關係。這樣，英國的社會矛盾就集中表現在王權和社會各階級和階層的矛盾。1215 年春，諸侯在騎士和市民的支持下發動了反對國王的戰爭，並於當年 6 月強迫國王簽署

了「大憲章」。憲章除了確認貴族和市民、自由農民等的自由權利外，還規定國王不經公意的許可不得向人民增加任何稅收，還成立了一個由男爵選出的 25 人的委員會負責監督王權，開闢了西方按照憲法限制王權，也就是限制行政權的先河。這個委員會後來在 13 世紀貴族、市民和自由農民聯合反對國王的鬥爭中發展成為等級議會，形成對王權制衡的局面。

　　從那個時候開始，一直到 1688 年英國「光榮革命」，其間經歷了許多鬥爭，最後才在英國確立了資產階級君主立憲制度。我們知道，英國是資本主義的搖籃之一。隨著新航路的開闢，英國成為世界貿易的一箇中心，工場手工業得到飛速的發展。商人、工場主和新地主的財富也急遽增長，成為社會經濟的重要力量。在 17 世紀以前的都鐸王朝，這些新興的資產階級和新貴族由於他們的力量還不夠強大，還需要國王的庇護，因而他們採取了支持國王的態度。到十七世紀他們的力量已經足夠強大了。就這樣，一場新興資產階級和新貴族聯盟反對封建制度的革命就不可避免了。鬥爭是在三個方面展開的：在宗教方面，是作為國王精神支柱的國教和工商業者、廣大群眾信奉的清教之間的鬥爭；在經濟方面，是反對國王擅自徵稅和出賣工商專利權的鬥爭；在政治方面，是國王和國會之間的權力的鬥爭。1640 年矛盾激化，鬥爭從國會轉到戰場。1649 年共和國成立，國王被斬，出現了克倫威爾的獨裁政權。 1660 年舊王朝復辟，直至 1688 年的政變時被逐，才最終確立了君主立憲的政治體制。在這中間，有無數激動人心的鬥爭，也出現了不少動人心絃的政治主張。

　　理查‧胡克 (Richard Hooker，1553/1554~1600 年) 關於憲政的思想，洛克 (John Locke，1632~1704 年) 關於自然權利和分權的思想，霍布斯

(Thomas Hobbes，1588~1679 年) 關於主權和政體的思想，在英國的革命過程都造成很大的作用。他們三人都把自然法和社會契約論作為他們政治思想的基礎，只是在具體的解釋上，在強調的重點上，有所不同。下面我們分別加以介紹：

胡克認為，政治社會起源於人類喜歡群居共同生活的本性，君主制可能是政治社會最初而且是最自然的形式，然而這並非是人們所能接受的唯一形式，人們根據方便還會創造別的形式。他並不主張廢除君主制，而主張用法律來規範君主權力。在他看來，法律是公共意志的展現，是國家的最高意志，君主只是公共權力的承擔者，君主的權力只是國家整體的一部分，君主必須服從法律，依法行事。正是這種思想導致了英國的君主立憲政體。

霍布斯的政治哲學和倫理思想在某種意義上與他提倡的幾何學方法相似，即從一些公理似的前提演繹出所有的結論來，這些前提大多數是圍繞著人的本性、人的自然狀態來展開的。

霍布斯所說的自然狀態是指在任何國家或公民社會產生之前的狀態。在這種自然狀態中，所有的人是平等的，並對任何他們認為對其生存必需的東西具有平等的權利。權利這個詞，意味著人有自由去做他想幹的事和依靠他認為適當的人，並且去擁有、使用 和享受所有他想要的東西。人的動力是生存的意志，人所恐懼的是死亡，尤其是暴死。所有的人都擁有雙重的努力，即慾望和厭惡，這兩種努力說明了人對人和對象的「愛」和「恨」。每個人都把他所愛的事物稱為善，把他們所恨的事物稱為惡。人從本性上來說是自私的。這樣，人們就會無休止地去追求權力，採取一切手段去占有一切以儲存自己，形成一種無政府的「每一個人對每一個人的戰爭」。他指出：「在人類天性中我們便發現：有三種

造成爭鬥的主要原因存在。第一是競爭，第二是猜疑，第三是榮譽。」從
人的本性的這種觀點出發，他說明人並沒有創造一種有序的、和平的社
會的能力。然而從人要儲存自己的前提出發，人們必定企望擺脫這種人
人自危、人對人像狼一樣的自然狀態。

接著，霍布斯又提出自然律的概念，認為人為了確保生存和安全，
需要用自然律來約束那無限制的自然權利。自然的第一律就是每個人都
應「尋求和平、信守和平」。這是對生存關注的邏輯的延伸。從第一自然
律就能推出第二自然律，這就是：「在別人也願意這樣做的條件下，當一
個人為了和平與自衛的目的認為必要時，會自願放棄這種對一切事物的
權利；而在對他人的自由權方面滿足於相當於自己讓他人對自己所具有
的自由權利。」

從以上前提出發，霍布斯形成了他的社會契約論，也就是他的契約
法和公民義務的思想，這在西方政治哲學中的影響是十分深遠的。

霍布斯認為，人們從遵從自然律的指令出發，應尋求和放棄他們的
權利或自由，進行社會契約的制定。人們避免無政府主義和互相爭鬥的
自然狀態而進入公民社會的契約，就是人與人之間的協定。他認為：「權
利的相互轉讓就是人們所謂的契約。」

國家元首或一批主權者就是從這樣的契約中產生的。好像是人人都
向每一個其他的人說：「我承認這個人或這個集體，並放棄我管理自己的
權利，把它授予這人或這個集體，但條件是你也把自己的權利拿出來授
予他，並以同樣的方式承認他的一切行為。」這個被授予權力的人具有
主權，其他的人都是他的臣民。因此，元首的權力必須是絕對的，是保
證秩序、和平、法律的條件。

霍布斯這種極端嚴格的權威專制主義的思想有時以令人十分驚訝

的方式表現出來。如他認為人們對主權者和元首要絕對的服從。他還認為統治者的權力不僅不能轉讓，而且是不能分割的。如果要主權者服從法律，就是在主權者之上又立一個新的主權者，這樣又需要有第三個主權者來制約他。如此發展下去，國家必亂必亡。這些都是他的政治哲學中十分荒謬的地方。他的進步的唯物主義自然觀同某些荒唐的政治觀極不協調地湊合在一起，說明他是新興英國資產階級的忠實代言人，一方面要發展社會生產力，另一方面又要鞏固資產階級的統治。不過他雖然擁護君主制，但並不反對貴族制、民主制，認為人們可以自願選其中的一種。

洛克 (John Locke，西元 1632~1704 年) 與霍布斯一樣，也是用自然狀態來論證國家形成的。不過洛克所說的自然狀態不是霍布斯所說的每一個人反對每一個人的戰爭，相反，洛克認為人們是依據理性而共同生活的，在地球上沒有一個高於一般人的權威來判定是非。他甚至認為在自然狀態中人們就知道道德法規。這種自然的道德法規不是簡單的自我儲存的利己主義，而是對由於人是上帝創造的因而每個人都有作為人的價值的積極認識。這種自然法包含著相應於義務的自然權利，而自然權利中，洛克尤其強調私有財產的權利。

對霍布斯來說，擁有財產的權利只能是立法之後的事。而洛克則認為私有財產的權利先於行政法規，是以自然的道德法規為基礎的。私有制的證明是勞動，人用勞動生產出來的東西當然歸他所有。任何人在其生命結束之前都能充分利用其生命，並累積 一份與其勞動一樣多的財產。洛克還認為，繼承父兄的財產也是一種自然權利。

洛克描述了一種理想的狀態，即「一個人有權享受所有那些他能施加勞動的東西，同時他也不願為他所享用不了的東西花費勞力，這就不

會讓人對財產權有何爭論，也不容發生侵及他人權利的事情。一個人據為己有的那部分是容易看到的，過多地割據歸己，或取得多於他所需要和東西，這既無用處，也不誠實的」。洛克把人的本質完全理性化和理想化了。這顯然是不符合現實的。

既然人們具有自然權利同時又知道道德法規，那麼人們為什麼要組成政府脫離自然狀態呢？洛克認為：「人們聯合成為國家和置身於政府之下的重大的和主要目的，是保護他們的財產；在這方面，自然狀態有著許多缺點。」洛克所說的財產，是指人的生命、自由和財物。

洛克認為，自然狀態有三個缺點：第一，缺少一種確定的、規定了的、眾所周知的法律作為人們判斷是非的標準和解決糾紛的共同尺度；第二，缺少一個有權威的能依照法律來裁判爭端的公正的裁判者；第三，缺少權力來支持正確的判決，使它得到應有的執行。一句話，建立政府、脫離自然狀態是為了建立法治來保證有序、和平的生活和個人的財物。為此，人們創造了一個政治社會和政治機構。

洛克非常強調人的權利的不可剝奪的品格，認為政治社會必須靠人們的「同意」。因為人的本性都是自由、平等和獨立的，沒有他的同意，任何人都不會放棄這種權利去服從其他人的權力。而且，人們的同意還應受到多數的限制。因為一個團體要進行活動必須要有一種更大的力量來推動它，這就是多數人的同意，絕對的專制絕不是市民政府的好形式。

洛克給出了一幅與霍布斯十分不同的統治權力圖畫。霍布斯的統治權是絕對的。洛克雖然同意必須有一「至上的權力」，但他將這一權力小心地置於立法者的手中，而且強調所有的目的都是為了人民的大多數。他強調權力分工的重要性，主要是要保證執行法律的人不參與法律的制

定，這一分工一直是西方議會民主政體的重要特點之一。他認為，國家
有三種權力：立法權、執行權和對外權。在這三種權力中，洛克強調：
「立法權就必須是最高的權力，社會的任何成員或社會的任何部分所有的
其他一切權力，都是從它獲得和隸屬於它的。」至於執行者，應該被看
作是國家的象徵、表象或代表，是被賦有法律權力的公僕；如果他自己
違犯了法律，就沒有要人服從的權利。洛克強調人民的福利是最高的法
律，認為人民才是最高的裁決者，如果政府推行了有害於人民福利的暴
政，人民就擁有反抗政府的權利。

　　洛克的分權學說是在英國資產階級 1688 年的「光榮革命」後提出
的。當時英國資產階級雖然掌握了政權，但封建勢力仍然有不小的權
力，洛克的主張正是為資產階級議會掌握國家的最高權力辯護，具有十
分現實和進步的歷史意義。當然，洛克的政治哲學還沒有真正談到人
民主權的核心問題，而是在人民的旗號下來為資產階級掌握最高權力
呼喊。

― 法國資產階級革命的思想基礎 ―

　　如果說英國的資產階級革命是一種妥協的話，那麼法國的資產階級
革命則是比較徹底的革命。十八世紀下半葉資產階級在法國已經發展成
為社會上最有勢力的階級，可是他們卻處處受到封建制度的阻礙。那時
陳舊的法律公開確認人間的不平等，社會被劃分為三個等級。第一等級
貴族和第二等級僧侶是特權階級，他們只占人口的三十分之一，卻和國
王一起擁有全國一半以上的土地，政府、教會、軍隊中的重要職位幾乎
都為這些人所占有。第三等級則包括資產階級、農民、城市貧民和工人
等廣大民眾。廣大的 第三等級要求變革封建制度，取消貴族、僧侶特權

的呼聲日益高漲。一場資產階級領導的革命終於爆發了。

1789 年爆發的法國資產階級革命不僅在法國消滅了封建專制制度，建立了資產階級的統治，而且帶動了歐洲各國的資產階級革命運動。

革命的第一階段是建立了大資產階級和自由派貴族的統治。制憲會議起草了《人權和公民權宣言》，消除了封建時代的公開的不平等關係，沉重地打擊了封建專制制度。革命的第二階段是吉倫特派的統治。他們是一個代表資產階級利益的知識分子、律師和文學家組成的政治集團，面對複雜的鬥爭局面，他們把私有財產和自由貿易看成神聖不可侵犯的原則，但對民眾的進一步革命要求則加以限制。革命的第三階段是雅各賓派的統治。他們是激進的小資產階級黨派，將革命推向高潮，釋出了取消封建義務和給農民土地的法令，取得了法國大革命的最高成果。

正如馬克思說的：「在第一次法國革命中，立憲派統治以後是吉倫特派的統治；吉倫特派統治以後是雅各賓派的統治。這些黨派中的每一個黨派，都是以更先進的黨派為依靠。每當某一個黨派把革命推進得很遠，以致它既不能跟上，更不能領導的時候，這個黨派就要被站在它後面的更勇敢的同盟者推開並且送上斷頭臺。革命就這樣沿著上升的路線行進。」所以由啟蒙運動諸多思想家所啟發的法國大革命的進展是比較有思想基礎的，是一浪高一浪的。儘管如此，革命之後，還有長期的復辟和反覆鬧的鬥爭。啟蒙運動的思想家前面已經介紹過了，下面再補充些內容。

以狄德羅、愛爾維修和霍爾巴哈為代表的百科全書派，他們在哲學上繼承和改造了十七世紀英國和法國的唯理論，徹底拋棄了宗教的外衣，推進了伏爾泰、孟德斯鳩的思想，成為法國大革命的思想先鋒。他們徹底批判宗教，指出上帝是沒有的，宇宙的本質只是在時空中運動的

物質。他們認為法律的產生是因為人們要維持彼此的權益和共同的需要，從而約定互不侵犯對方的財產。他們還認為，天然的或道德上的平等是人類的天然的素質，這種平等是自由的根源和基礎，但同時認為，絕對的平等是一種幻想。他們主張人民有起義反抗暴君的權利，但同時認為應透過溫和和改良的辦法來教育君主，把他引向真理之路，歷史的進步是理性不斷進步的過程。他們還認為，君主的權力要受到法律的限制，由代議機構限制的君主立憲制或共和制是理想的政體。這些積極的思想在法國大革命中都是一種革命的因素。

法國大革命爆發之後產生的《人權和公民權宣言》，將啟蒙運動思想家的思想用憲法的形式鞏固了下來，是一個意義和影響特別深遠的檔案。宣言在人權方面規定人們生來是而且始終是自由平等的。自由，是指有權從事一切無害於他人的行為，個人的自然權利的使用只以保證社會上其他成員能享有同樣的權利為限。同時，把財產的擁有看成是神聖不可侵犯的權利；任何人的財產不得無故被剝奪。宣言中關於發表意見的自由、傳達思想和意見的自由、著述和出版的自由等規定，以後都被各國憲法列為基本權利。宣言認為，法律是保障人權的，凡未經法律禁止的行為就不能受到妨礙。宣言規定，法律是公意的表現，全國人民均有權親身或派代表參加法律的制定。宣言還規定了一些近代意義上的法律原則，如無罪推定、禁止酷刑等。在人民主權原則方面，宣言規定了公民能平等地按其能力擔任公職，社會有權要求機關公務人員報告其工作，公共賦稅要由公民或其代表確定，公民應按其能力納稅等。

所以這些規定在當時都是有進步意義的。當然，這種進步是就資產階級革命的要求而言的。因為資產階級人權保證每個成員的人身、權利和財產不受侵犯，在這中間私有財產權是最核心的內容，所謂自由就是

這種財產私有權的自由，所謂平等就是這種自由的平等。法國大革命的宣言以十分明確的法律語言將資產階級的夢想和要求用憲法的形式固定下來，這是人類社會的一大進步。從歷史的觀點出發，人們不可能要求他們做更多的東西。

─ 美國資產階級革命的思想基礎 ─

18 世紀英國在美洲殖民地的社會矛盾表現為廣大殖民地人民與英國政府的矛盾。英國的殖民地政策嚴重地阻礙當地經濟的發展，他們對殖民地人民採取的高壓政策，又進一步激化了矛盾。 1765 年英國透過「印花稅法」，向殖民地徵收稅款以供軍事需用，引起殖民地人民的強烈反對，他們高呼「向無代表權者徵稅就是暴君」的口號，表示抗議。1775 年 4 月 19 日列剋星敦人民首先起義，打響了北美獨立戰爭的第一槍。同年 5 月，北美十三州的代表召開第二屆大陸會議，組成了統一的武裝，由華盛頓任總司令。1776 年 7 月 4 日，大陸會議透過了《獨立宣言》，正式宣布脫離英國而獨立。經過長期的戰鬥，北美人民終於在 1781 年贏得勝利，1783 年英國正式承認美國獨立。

美國的獨立戰爭作為資產階級革命是不徹底的，土地問題、奴隸問題都沒有解決，資產階級和地主階級獨占了勝利果實。這樣，國內的矛盾又上升為主要矛盾，許多州爆發了人民起義；農奴制的存在，導致了後來 1861 年悲慘的南北戰爭；潘恩、傑佛遜、漢密爾頓都是這次鬥爭的思想家。

托馬斯・潘恩 (Thormas Paine，1737~1809 年) 是美國獨立戰爭時期的啟蒙思想家。他出身於英國諾福克郡一個基督教教友會的家庭，當過裁縫、教師、稅務官。1774 年移居美國，不久就投入獨立運動。1787 年

他返回歐洲，參加了法國大革命。他的主要著作有《常識》(1776 年)、《林中居民的信札》(1776 年)、《人權論》(1791~1792) 等。他核心的政治思想是主張北美殖民地脫離英國而獨立，其思想基礎是啟蒙思想的天賦人權和社會契約論。在社會思想史上，他是最早把社會和國家區分開的思想家之一。他認為這兩者具有不同的起源，社會是由我們的慾望所產生的，而政府是由我們的邪惡所產生的。前者使人們一體同心，積極增進幸福，它鼓勵交往，是一個獎勵者；後者制止人們的惡行，消極地增進幸福，它製造差別，是一個懲罰者。他將批判的矛頭指向英國的君主制，認為君主制是我們自身墮落和失勢造成的，世襲制是對我們子子孫孫的侮辱和欺騙。他提出以革命推翻君主專制是人民的天賦權利，他的政治理想是代議制的共和政府。他認為把代議制和共和制結合起來，就可以獲得一種能夠容納和聯合一切不同利益和不同大小的領土及不同數量人口的政府體制。在他看來，天賦人權是公民權利的基礎。人在進入社會後保留了一部分天賦人權，而另一部分天賦人權則轉變成公民權利，公民權利只有個人作為社會的一分子與社會攜手合作才能實現。

托馬斯‧傑佛遜 (Thomas Jefferson，1743~1826 年) 是美國獨立戰爭時期的政治家和思想家。他出身於一個種植園主的家庭， 1769 年當選為弗吉尼亞州的議員。1774 年他被指定為起草《獨立宣言》的委員，負責起草宣言。他認為所有人都是平等的，生命、自由和追求幸福的權利是上帝賦予人們的不可讓渡的權利，人們是為了保障這些權利才透過契約成立政府的。人們在成立政府時並沒有放棄這些權利，政府是由於被統治者的同意才取得正當權力的。

《獨立宣言》宣稱：「我們認為這些真理是不言而喻的：人人生而平等……其中包括生命權、自由權和追求幸福的權利。為了保障這些權

173

利，所以才在人們中間成立政府。而政府的正當權力系得自被統治者的同意。如果遇有任何一種形式的政府變成損害這些目的的，那麼，人民就有權利來改變它或廢除它，以建立新的政府。」這一宣言在歐洲文化界引起了希望和期盼。宣言展現了啟蒙運動思想家關於人的自然權利和自然法學說的思想，使人們對北美人民刮目相看。在人們的眼中，北美不再是善良的野蠻人和勇敢的殖民者居住的地方，而是一個善於從專制政府手中贏得獨立，並建設起一個文明社會的國家；不僅是對倫敦政府的「造反」，而且是一個新的「公民社會」在大西洋彼岸誕生。

由於北美人沒有那麼多的封建包袱，他們有條件建立起一個 更加合理的民主政治制度。傑佛遜就主張建立一個代議制的民主共和國，他既堅持了盧梭的民主原則，又吸收了洛克的代議制思想，從而在新大陸上發明了一種民主式的聯邦共和制的制度，推進了西方的民主理論和實踐。

傑佛遜十分強調民主自治的思想，強調要防止個人獨裁的暴政的出現。為了防止暴政的出現，必須把人民自治作為代議制的基礎和保證。人民的自治又要以個人的自治為基礎。個人自治的首要原則是個人自由，即個人憑藉其單獨意志自我決定、自我管理。他尤其強調思想自由。在他看來，人如果沒有表達思想的自由，就有如一架肉做的機器，只能靠外力來推動。為了做到個人自治，必須限制政府中行政和司法的權力，尤其要限制總統的權力。他認為聯邦政府的權力不宜過分集中，應把國家權力盡量分散到各級政府。他認為人民是最可靠的。他把普選權看成是人民參政的基本前提，把人民監督看成是參政行使權力的重要手段；他所說的監督是指人民的檢查權和罷免權。他還認為民主的多數原則並不意味著可以侵害少數人的權利，少數人的權利同樣應得到法律

的保護。當然，他作為一位資產階級的民主主義者，主要是在為資產階級爭人權、爭民主，但同時他接近和同情人民，主張廢除農奴制，反對過大的財產的不平等。他被美國人民視為與華盛頓、林肯齊名的偉大人物，不是沒有道理的。

　　亞歷山大·漢密爾頓 (Alexander Hamilton，1757~1804 年) 是美國建國初期的政治活動家和政治思想家，又是美國 1787 年憲法的主要起草者，被人譽為「憲法之父」。他主張建立君主立憲制的國家，但是當他的意見沒有被採納時，轉而擁護多數代表的意見。他接受了霍布斯關於人是自私的、自然狀態是一切人反對一切人的戰爭的思想，主張成立一個強大的中央集權政府，用鐵的手段來管束群眾、限制民主，以保證國家的秩序和利益，然而他又同意洛克和孟德斯鳩分權的原則，主張在三權分立的基礎上互相混合、互相牽制。他尤其贊成用由富人和出自名門的人組成的參議院來箝制由人們直接選出的眾議院。他還主張司法獨立，從而使最高法院和議會互相牽制。這些思想確立了美國的政治體制，也就是用參議院箝制眾議院，用行政、司法權力來牽制立法權力，同時又以彈劾權來約束行政權力，從而達到權力的平衡，保證國家的統一和穩定。

　　美國的獨立戰爭雖然略早於法國大革命，然而兩者是互相影響的，這兩個革命的思想基礎共同構成了西方政治文化的真正的民主和人權的傳統。

從牛頓力學到進化論

　　十八、十九世紀是西方資本主義各國在完成資產階級革命之後，社會生產力得到極大發展的時期。本章將介紹在此背景下西方社會所取得的思想成果和產生的社會思潮。

　　我們知道，工具的創新和變革既是人類智力發展的指示器，又是進一步推動人類智力發展的槓桿。只是到了近代，真正的自然科學才從大工業的生產中分化出來，成為生產力的重要因素。從歷史上來看，只有資本主義生產才第一次使科學成為獨立的生產力。機器、輪船、火車、汽車的相繼問世，大大改變了人類社會生活的面貌和活動的空間。生產和科學的發展，像革命的催化劑無時無刻不在改變人們的思想、觀念和思維方式。

── 哥白尼革命 ──

　　如果說文藝復興時期是科學和神學決鬥的年代，那麼，站在這個鬥爭的前列的是波蘭天文學家哥白尼 (Nicolaus Copemicus， 1473~1543年)。他在大學的時候就重點攻讀了天文學，還製做了簡單的儀器，對天體進行觀察，收集了大量的天文數據。1516 年後他就開始撰寫《天體執行論》，直到 1530 年左右他才完成這部劃時代的著作。1543 年 5 月 24 日，當人們把這部著作送到他失明的眼前時，他只摸了一下封面，一小

時後就去世了。《天體執行論》是一部全面系統闡明「太陽中心論」的鉅著。它推翻了幾千年來亞里斯多德和托勒密的「地球中心論」，實現了人類宇宙觀的偉大的革命，開創了天文學發展的新時代。

哥白尼的學說是一場思想上的大革命。它導致了後來牛頓宇宙觀的產生，它為人類的宇宙觀和人類與宇宙的關係的觀念帶來了革命性的、劃時代的轉折。首先，它是一次天文學基本觀念的革新，從此地球再也不是宇宙的中心了。其次，它是人類對大自然理解的一次根本性的變革，人們認識到宇宙不過是一個無數天體的運動體系而已。人類本來存在著一種天真的自尊，以為人類居住的地球就是宇宙的中心。但自哥白尼以來，人們知道我們居住的地球不過是浩瀚無比的宇宙中的一個小斑點；哥白尼的新觀念堅定了西方人對自然法則的信仰。

後來，進一步發展「太陽中心論」的布魯諾 (1548~1600 年) 糾正了哥白尼學說中的某些錯誤，認為宇宙是一個統一的物質世界，它在空間上是無限的，在時間上是永恆的，沒有中心，太陽只是無數星系中的一個小點，地球圍繞太陽轉動，太陽和其他恆星的位置也在發生微小的變化。1600 年 2 月 17 日，當他被教會活活燒死在羅馬鮮花廣場時，他高呼：「火並不能把我征服，未來的世紀會了解我，知道我的價值。」伽利略 (Vincenzo Galileo，1564~1642 年) 把天文學的研究和物理學的研究結合起來，發現了鐘擺的等時性定律，在比薩斜塔上做自由落體試驗，將數學的方法應用於物體運動的研究，寫成了《關於兩門新科學的討論和數學證明》的鉅著。1633 年，當宗教裁判所要他跪下簽字悔過時，他站起來說：「簽字有什麼用，地球仍然在轉動！」德國天文學家開普勒 (Johannes Kepler， 1571~1630 年) 進一步推進了哥白尼學說，創立了關於行星執行的三大定律，它為牛頓發現「萬有引力定律」奠定了基礎。

— 牛頓革命 —

十七、十八世紀是西方自然科學高歌凱進的年代。從哥白尼革命到牛頓力學理論體系的完成，人類只用了一百多年的時間。牛頓 (Alfred Newton，1642~1727 年) 在前人的基礎上，系統、精確地表述了力學理論體系，尤其是他的萬有引力定律表明：宇宙間的每 一粒子都和其他粒子相互吸引，它們之間互相吸引的力量和它們之間距離的平方成反比，和它們質量的乘積成正比。它精確揭示了客觀宏觀物體低速運動的客觀規律。可以說，牛頓為西方帶來了一個嶄新的宇宙觀和宇宙秩序。

科恩曾說：「在可以應用理性原則的思想和活動的幾乎每一個可能的層次上都留下了牛頓革命的重大影響。」首先，是宇宙存在普遍規律的觀念和信仰。萬有引力的存在證明，宇宙中的一切物體都是按照一定的自然法則來運動的。想一想吧，二十世紀人類最為壯觀的活動 —— 宇宙空間的探索，它不是愛因斯坦相對論的一個例證，而是經典引力物理學直接應用的一個例證。這種普遍規律的觀念和信仰還影響了一些社會科學家，如重農主義者就認為存在有控制物理世界、動物社會，甚至每一種有機體的內部生活的共同規律存在。正是這種物質世界存在客觀規律性的思想和信仰鼓舞著人們對自然的探索。

其次，牛頓關於理論演繹和數學方法的成功應用，使人們看到這種方法的價值，看到這種方法和實驗及批判性的觀察結合起來，就能產生出可貴的認識成果。牛頓力學作為成功科學的象徵，成為各門自然科學和社會科學等的典範。這不僅開啟了一個科學方法的新時代，也使十八世紀成為一個信仰科學的時代。

不僅如此，牛頓的機械運動觀念還在好幾個世紀裡影響了人類的思維方式。許多哲學家把運動理解為機械運動，理解為物體在空中的位

移。甚至把人也說成是一架機器，認為人和動物的差別不過是人比動物多幾個齒輪或多幾條彈簧；兩者只是位置的不同和力量的不同，沒有性質上的差別。這種機械觀的影響是消極的。正如馬克思對霍布斯的批評說：「感性失去了它的鮮明的色彩而變成幾何學家的抽象的感性。物理運動成為機械運動或數學運動的犧牲品；幾何學被宣布為主要的科學。」有的哲學家甚至要 用幾何學公理的方法來建立一種倫理學和政治哲學。就是到了現代，我們也不能說牛頓的機械觀就沒有市場了。

艾塞亞・伯林對牛頓在思想史上的影響，曾經這樣說：「牛頓思想的衝擊是巨大的；無論對他們的理解正確與否，啟蒙運動的整個綱領，尤其是在法國，是有意識地以牛頓的原理和方法為基礎的，同時，它從他那驚人的成果中獲得了信心並由此產生了深遠的影響。而這，在一定時期中，使現代西方文化的一些中心概念和發展方向發生了確實是極富創造性的轉變，道德的、政治的、技術的、歷史的、社會的等等思想領域和生活領域，沒有哪個能避免這場文化變革的影響。」

― 進化論的產生和影響 ―

達爾文的進化論是十九世紀自然科學的偉大成果之一。進化論突破了長期以來統治著人們思想的機械論的束縛，使人們把自然界的發展理解為存在著質的飛躍的進化過程。進化論對人類思想的影響大大超出了自然科學本身的範圍，它對西方的宗教、政治、社會和經濟思想都產生很大影響。在進化論面前，基督教關於上帝造人的神話破產了。在生存競爭和自然選擇思想的指導下，許多新的社會思想產生了。達爾文的革命是諸多科學革命中唯一的生物學革命，它摧毀了以人為宇宙中心的宇宙觀，沉重地打擊了人類自我陶醉的自我觀念。按照進化論的觀點，人

類不過是宇宙中整個生物進化鏈條上的一環，這在人的思想中引起的變化必然比其他科學的進步都更偉大。

達爾文 (Charles Darwin，1809~1882 年) 出生於英國西部施魯斯伯裡城的一個醫生家庭。1825 年達爾文到愛丁堡大學學醫。他由於目睹無麻醉的外科手術給病人帶來的痛苦，放棄了學醫的打算。1828 年，他在父親的吩咐下去劍橋大學基督學院學習神學，準備當一名英國國教的牧師。但是，他對自然史和地質學有濃 厚的興趣。在劍橋的最後一年，德國博物學家洪堡的《自傳》和英國天文學家赫舍爾的《自然哲學導論》吸引了他的注意。他說，這兩本書激起了他為自然科學的宏偉結構作出那怕是最微薄的貢獻的熱望。

1831 年從劍橋畢業後，在亨斯羅教授的推薦下，他隨英國軍艦「貝格爾」號前往南太平洋考察，歷時五年。在考察中，達爾文累積了大量的數據，為他一生的科學事業奠定了堅實的基礎。他自己承認，「貝格爾」的考察是他一生中最重要的事件，決定了他一生的事業。在上船時他帶著剛剛出版的賴爾的《地質學原理》。在航行中，他邊讀書邊觀察，逐漸接受了賴爾的地球緩慢變化的觀點，成為地質進化的熱心信徒。考察歸來時，他已經是一位成熟的地質學家了。此後他在英國地質學會任職三年。

達爾文的科學研究工作正是從地質學開始的。他最初發表的學術著作幾乎都是關於地質學方面的。他 1842 年發表《珊瑚礁的結構和分析》，1844 年發表《火山島》，1846 年發表《對南美的地質觀察》。地質學給他的印象，就是自然界處於緩慢的變化之中。在考察中，生物學方面的數據也給他深刻的印象。在南美地層中發現一種古代巨大的哺乳類 plyptodon 和現在的較小的 armadillon 很相似；在南美大陸的一些近似

的動物物種自北向南，逐次替代；在加拉帕戈斯群島的大多數物種都具有南美生物的性狀，而群島的各個島嶼上的物種彼此之間又有輕微的差異。這些現象向達爾文提出了問題：新的物種是怎樣從舊的物種中產生的。他認識到人工育種的成功在於選擇，而這種選擇在自然界是怎樣發生的。他說過，馬爾薩斯的人口論給他很大的啟發。適應者生存，不適應者被淘汰的想法在他心中醞釀著。他想，適應環境的個體和種群在結構和功能上會有優勢，加上及時的變異，就會產生新的物種。

1837 年，他就將有關這個問題的一些想法寫在一本筆記本上，直到 1842 年他才用鉛筆寫成一個 35 頁的綱要，1844 年擴展為 130 頁，這就是《物種起源》的雛形。1844 年，在《物種起源》發表許多年之前，達爾文在給胡克的信中說：「光明終於閃現出來」，「我幾乎確信（與我原來所持的觀點相反），物種不是（它就像是坦白一次謀殺）永遠不變的」。

他非常慎重，不願意在他的書中漏掉任何一個重要的事實。所以，他拖了二十來年，遲遲不發表他的想法。直到 1858 年，英國生物學家華萊士獨立地提出自然選擇理論的訊息傳開後，達爾文在他的摯友的敦促下，才決心將他的原稿摘要和華萊士的論文一起提交給林耐學會宣讀。《物種起源》一書於 1859 年 11 月出版。

《物種起源》一書肯定了生物界的一個基本的事實，即生物體在環境改變的影響下會產生變異。生物不僅有變異，而且還有遺傳。生物體正是透過遺傳把機體的結構、效能和對環境的適應的能力及結果傳給後代。變異和遺傳密切相關，生存條件改變了，遺傳性也會隨之改變。人類之能夠對動物和植物進行定向培養來適應人的需要，正是藉助於變異和遺傳。

達爾文還討論了自然選擇問題。自然選擇就是有機體在一定環境

中生存、繁殖和變異的過程。有機體生命週期的各個方面如生命力、壽命、繁殖率,都受自然選擇的支配。在生物體與環境的相互作用中,有些個體群會表現出在應付特殊環境的挑戰方面勝過其他群體。自然選擇的結果是在一個種群的不同的遺傳型中,出現了不同的成活率和繁殖率。這樣個體的數量,有的會增加,有的會減少,甚至消失。這種由突變而產生的遺傳變異是導致生物進化的最重要的力量。

他認為,自然選擇對群體的影響有三種方式:作為穩定的因素;作為導向的因素和作為破壞的因素。當穩定因素發揮作用的時候,現有的環境因素有利於現有群體總量的特性。個體顯示出的任何極端變異的傾向都會被消滅掉,不會有進化,而是維持現狀。當環境有利於新的特質出現或有利於改變舊的特質的時候,導向性的選擇就會發生,產生新特質的遺傳型別的繁殖率就大大提高,其結果是產生這些特質的遺傳頻率發生變化。方向性的選擇會造 成生物的進化,不過這個過程很短,一旦總量適應了環境,群體就會進入穩定狀態。破壞性選擇是在同一地區出現多種環境因素和遺傳型別。所在地的土壤條件、食物來源或其他因素,使亞群體得到發展,以適應該地區的特點。破壞性的選擇也會帶來進化,一當這種情況發生,亞群體就會進人穩定選擇狀態。

生存競爭是自然選擇發生的原因。競爭既發生在種群之間,也發生在同一種群中的個體之間。個體之間的鬥爭尤為激烈。一旦生物體獲得了有利於自己的變異,就會把它保留下來遺傳給後代,從而使後代有更有利的生存條件。由此產生的新的變種或初期的物種,就會逐漸發展成新的物種。

1871 年,達爾文的《人類的由來及性的選擇》問世,這是他的又一力作。該書認為,「人類起源於某種體制較低的型別……這一結論的根據

絕不會動搖，因人類和低於人類的動物間在胚胎發育方面的密切相似，以及它們在結構和體質……的無數點上的密切相似，還有，人類所保持的殘跡（退化）器官，他們不時發生的退祖傾向都是一些不可爭辯的事實。」

達爾文的進化論提出來後，表示支持和同意的有英國植物學家胡克立、英國生物學家赫胥黎、地質學家賴爾等。反對的聲音主要來自宗教界。一場進化論和基督教創世說的爭論成為不可避免。1860 年在英國科學協會牛津會議上，赫胥黎和威爾伯斯福展開了一場大論戰，進化論者第一次在辯論中獲得勝利。

杜威曾經指出，達爾文將他的書稱為《進化論》就展現了它對舊學說進行了一次全面的思想革命，提出了一種新的思想。不僅如此，《進化論》攻擊了絕對不變的那隻方舟，把前人認為是絕對的、固定的、完美的形式看成是發生的和發展的。這就提出了一種思想方法，這種思想方法終歸要導致各門學科學研究究方法的變革。自進化論以來，進化已經成為一個人類思想在各個方面都能自如地加以應用的術語，就連政府的形式、法律的形式，人們都可以將其說成是進化的，進化的模式適用於一切方面。僅就這一點，我們就可以確信達爾文學說的非凡的生命力和深遠的歷史意義。

達爾文在《物種起源》有一句話曾經暗示，「人類的起源和歷史，由此將得到許多啟示」。事實也正是這樣，這場思想革命的結果，是人們對世界、人和人的制度的本質重新進行了思考。人們不再把它們看作是靜止和不變的，而看作是一個動態的進化的過程，馬克思甚至用達爾文說明動物器官進化的思想來說明和分析人類生產工具的發展。達爾文的學說是一場真正的思想革命。

實證主義和對規律性的追求

― 實證主義思想的興起 ―

實證主義是近代西方一種在自然科學發展的推動下出現的思潮。凡是要求任何科學必須以可感覺到的事實作為出發點，並認為認識的任務就是描述這些可感覺的事實及其規律的哲學思想，都可稱為實證主義哲學。這種哲學思想的一箇中心，就是從可感覺的經驗事實為基礎去解釋普遍規律，包含著對規律性追求的思想。這種經驗論和符號邏輯的思想融合在一起構成了邏輯經驗主義，後來在西方大行其道，產生了極大的影響，影響從自然科學開始，逐漸擴大到人文科學，後來的行為主義、操作主義也出自此源。可見在西方近代，除了有人文主義的思潮外，還有科學主義的思潮在湧動著。

實證主義作為一種哲學思想，和自然科學中的實證方法是兩回事。實證方法只是認為直接與我們感覺經驗有關的陳述才是有意義的；所謂與感覺經驗有關，同時也包括我們按自然規律對尚未發生的感覺經驗的期待。如果超越了這種限制，就等於接受了某些形而上學的假設。在自然科學中，這樣的研究方法是無可指責的。而實證主義則是另一回事，他們把這種經驗的原則作為一切科學和一切真理的準則，這就成了片面的經驗論，認為只有直接表達感覺經驗的陳述或間接與這類陳述有關的

命題才有意義，否認了理論思維的重要性，這樣在認識論上就走入了片面性的死衚衕，在科學上也等於毀滅自己。所以，我們在肯定實證主義的積極作用的同時，要看到它的局限性。

實證主義不僅對各門自然科學有深刻的影響，對社會科學和人文科學也有深刻的影響。例如，實證主義對歷史學的影響，有人把它歸納成四點：①歷史發展與自然科學一樣存在著普遍規律，歷史學家能透過經驗研究去發現它。②反對對歷史作純思辨的思考，主張從對經驗史實的經驗研究中總結出規律來。③可以利用自然科學的理論和方法來進行歷史研究。④歷史學家能客觀地描述歷史事實，如同事實所發生的那樣再現過去。這樣的影響無疑是積極的，它鼓勵人們去尋找歷史的規律性。泰納 (Hippolyee A‧ Taine‧1828~1893 年) 認為歷史學和化學一樣都是精確科學，可以用分析和推理的實驗室方法來處理。在他看來，歷史研究僅總結事實是不夠的。事實只是一種表面的存在，實際上存在著的是抽象和普遍的概念。他主張歷史研究的對像是心理活動，撰寫歷史的目的是努力去發現民族國家的精神力量，說明精神到底起什麼作用。顯然，他是意識到實證主義的片面性的，認為歷史研究還應當深入到民族精神中去。克羅齊對實證主義也有積極的評價。他說：「幸虧有了實證主義，歷史著作才變得不那麼幼稚，著作中的事實才變得較豐富，尤其是富有浪漫主義所忽視的那類事實。」因此，實證主義是西方 19 世紀出現的一種重要的思潮。下面我們介紹實證主義創始人孔德的情況和思想。

─ 孔德的實證主義哲學 ─

孔德 (Auguste Comte，1798~1857 年) 是實證主義哲學的創始人，現代西方許多重要的哲學流派，如邏輯實證主義、實用主義和 新實在論

等，都來源於孔德哲學。因此，了解孔德的實證哲學，對了解現代西方哲學思想的來龍去脈有重要的提示意義。

孔德 1798 年出生於法國的蒙彼利埃。父親是一位稅務官，信奉天主教，母親也是一位天主教徒。九歲他到離家不遠的一所中學當寄宿生，學習成績優異，尤以數學和哲學的成績更為突出，被同學稱為「哲學家」。1814 年，他 16 歲時開始進入巴黎工業大學學習，後因不尊重老師和聯名要求撤換老師被開除學籍返鄉。兩年後他重返巴黎，開始任課外輔導教師並繼續自己的研究和學習。這時他結識了年已 60 歲的空想社會主義者聖西門，有時還為聖西門抄寫稿件，一度是聖西門的祕書。孔德在許多方面得力於聖西門思想的影響，有的看法甚至直接來自聖西門的著作。恩格斯曾指出，孔德的許多思想是對聖西門思想的拙劣的剽竊。

1826 年，孔德開始講授實證主義哲學，中間他得過精神分裂症。1829 年又開始他的實證主義的講座。此外，他還在巴黎工業大學擔任過數學教師，兼任學校對巴黎以外考生的審查員。

晚年，孔德醉心於「人文主義宗教」的建立，並且為「人文主義宗教」設計了一套祭司、聖文、祈禱的宗教儀式和制度。

孔德的主要著作有：《實證哲學教程》（共六卷，1830~1842 年）；《實證哲學概觀》(1848)；《實證政治體系》（共四卷，1851~1854)；《實證教義問答》(1852)；《主觀的綜合》(1856)。

實證主義 (Positivism) 是指要求任何科學必須以可感覺到的事實作為出發點，並限於描述這些可感覺的事實及其規律的哲學觀點。「實證」一詞 (Positive) 的意思，按孔德的解釋有四種意義：一是與虛幻相對立的真實，二是與無用相對立的有用，三是與猶疑相對立的肯定，四是與模糊相對立的精確。據說，「實證」一詞直接來自聖西門的著作。孔德稱自己

的哲學為「實證哲學」，其目的在於表示他的哲學是依據近代實證科學為基礎的一種「科學的」哲學。「實證」一詞，無非就是要為他的哲學增加一些科學色彩。

孔德認為，一切科學知識必須建立在來自觀察和實驗的經驗事實的基礎上，這本來是正確的。但是孔德卻由此出發，進而認為一切科學知識必須局限在經驗的範圍內，而且否定規律的客觀性，認為規律只不過是感覺與感覺之間的某種「不變的先後關係和相似關係」，科學的任務就在於從經驗中發現這種先後關係和相似關係。他以傅立葉為例，認為他只研究熱擴散的現象，而且得出許多最重要的嚴格的定律，但他從不探討熱的本質，不像他的先輩那樣在關於產生熱的物質上爭論不休，這就是按照實證的方法去處理自己的課題。所以，從表面上看，孔德是在堅持知識的實證性和科學性，實際上他反對去研究現象背後的本質和原因，他認為這些問題應交給形而上學家，也就是哲學家或神學家去論證，這就完全把科學的真正任務搞錯了。科學的任務不僅要總結出現象與現象之間的規律，更重要的是要發現現象後面的本質，也就是事物之間的必然的聯繫，從而反過來指導實踐。

孔德自認為他的這種實證方法是處理問題的有效的方法，它不僅能處理物理現象，而且能處理社會現象和政治現象。他的這種方法，可以用他的一句明確的陳述來表示，即：任何不能最終還原成特殊或一般事實的簡要闡述的命題是沒有實際或理智上的意義的。他認為除了現象以外，我們對任何事物都沒有知識，現象的規律就是我們關於現象所知的一切，現象的本質和最終原因不論是有效的還是最終的，對我們來說都是不可知和不可思議的。這就是孔德及其追隨者所說的實證方法的相對主義和懷疑論的實質。這種思想在西方形成了一股很大的反對理論思

維、反「形而上學」的思潮,實際上是打著科學的旗號反對真正的科學的理論思維,宣揚不可知論。

孔德自稱發現了社會發展的根本規律,也就是人類智力發展的規律。這個規律的發展透過三個階段:①神學的階段,在這個階段上,現象被解釋成是神的力量造成的;②是形而上學階段,在這階段上,神的似人的概念由非人和抽象的力量所代替;③是實證主義的或科學的階段,在這個階段上,只考慮現象之間的連續的關係,所有想用超出經驗的存在來解釋事物的企圖都被放棄了。

孔德認為這種進化三階段的規律,在思想中是如此,在科學中也是如此,甚至對社會政治秩序的發展也有效。如思想開始是宗教神學觀念的統治,然後讓位於一些抽象的實體如動力因、目的因之類的形而上學概念,實證主義階段則是他的實證哲學統治人們的思想,放棄一切對終極原因和現象本質的徒勞探索而專心致志於現象間定律的發現。

科學在神學階段,天文學表現為占星術,化學表現為鍊金術,中期受形而上學支配,力求尋找現象背後的本質,近期進入實證時期,則力學、物理學、化學相繼成為實驗科學。

人類社會歷史的發展也是如此,早期是神權社會,中期科學知識形而上學化,政治上則由「民主、平等、自由」等抽象的原則所取代,未來的社會則是一個實證的社會,應按孔德擬定的實證政治的原則來辦事,如「人人平等」的抽象原則要由明確的事實,即人是不平等的所取代,要有效地處理這些政治秩序就需要在社會學方面進行細心的工作。所以孔德著手創造社會學。與此三階段相適應,在宗教上是拜物教、多神教和一神教,在哲學上則是神學哲學、形而上學哲學和實證哲學,處處把實證哲學放在最高位置。

孔德這套三階段發展模式並不符合歷史事實。其實，早在古希臘，那時就有唯物主義與唯心主義的鬥爭，形而上學也相當發達。到了中世紀，隨著神權的統治，各種神學式的經院哲學才發展起來。孔德把他的實證主義作為社會發展的高級階段，只能說明他的不自量力而已。有人指出，聖西門就曾說過類似三個階段的話，認為古代是宗教神學統治的時代，後來是「假設體系」或「自然神論」的時代，近代則是實證的時代。孔德的三階段發展模式不過是將其實證主義的方法硬塞進去，並把它擴展應用到所有的方面。

孔德關於科學分類的思想是比較有名的，將科學抽成五類：①天文學；②物理學；③化學；④生物學；⑤社會學。基本上是把學科按發展的時間先後來排列。他有機械論的觀點，並用生物學的觀點來解釋社會現象。至於數學，則被認為只是一種工具，可以放在第一，也可以放在最後。其實，在聖西門的著作中也有類似的思想。他的這種分類法曾經影響了許多人。

孔德的社會學思想

在西方的文化發展史上，社會學一詞是孔德第一次提出來的，因而人們認為孔德是社會學的創始人。然而他的社會學思想，矛頭直指西方的進步思想如十八世紀的啟蒙思想和空想社會主義，也是對已經產生的科學社會主義的反動。他認為啟蒙思想家的「自由、平等、博愛」那一套，只有破壞性，沒有建設性，它可以破壞封建社會，但不能建設新社會，認為「形而上學」的社會學說，包括馬克思主義也只有破壞作用，會給人們帶來思想混亂。只有他的實證社會學才能挽救社會於思想的無政府狀態和動盪不穩定的局面，遠勝於共產主義。

　　在孔德的社會學理論中，有兩點占有重要的地位，這就是他所說的社會存在的靜力學成分和動力學成分。社會的靜力學成分包含社會的某些穩定的因素，如家庭、私有財產、語言和宗教；由於這些實際上是永恆的，他並不提倡對它們進行任何革命性的改革。他又認為社會存在還有動力學成分，這種成分就是人們的道德和智力，正是這種力量推動社會進步。他的三階段發展的模式就包含了對這些動力學成分的精心設計。所以，社會進步並不需要對社會要素進行任何基本的更改，只要不斷改進我們如何以最優的方式來利用這些穩定結構就行了。

　　他對新社會開出的藥方是人道教，具體地說就是要以利他之心來克制利己之心，這樣才能達到社會和諧和和平發展的目的。他對工人的罷工和資本家的剝削各打五十大板，認為他們都是利己之心超出了利他之心的緣故，應當提倡相互友愛，以使利他和利己兩種力量達到平衡。實際上，他是以中世紀的某些社團作為他的新社會的模型，企圖重建宗教與社會之間的合作協調。他的人道主義宗教就是崇拜人性本身，就是以人類之愛去代替上帝之愛。在他看來，只有人道教才是永恆的、完全的宗教，強調把愛的宗教精神貫徹到理智、感情和行動中去。

　　他大力鼓吹階級調和論，主張用同情心去取代仇恨，要以工人俱樂部為陣地大力向工人宣傳他的人道教。不僅如此，孔德還把個人比作原子、家庭比作分子，認為所有家庭的結合則構成國家，而每個政府都有物質和精神方面的職能。他還主張，除了這種精神統治外，國家也需要暴力，也要有「恨」，實證主義的格言是「愛、秩序、進步」。其實，保持資本主義的秩序才是孔德的真正目的。他所提倡的「實證」政府是要保證工業有最大的發展，他還支持政府的有組織的行動，並含蓄地提出一種專制的政府形式。他在其《實證政治體系》中支持路易·拿破崙的政

變，並認為法國正在自動地過渡到專制階段，這種有力的政府型別與落後的君主制及議會制無政府狀態針鋒相對，這種「專制共和國」可以為西方秩序的重建提供啟示。這是一種「實證主義專政」，是「社會高於個人的專制主義」。

― 實證主義的影響 ―

孔德在西方有很大的影響，因為他的思想適應資產階級的需要，後來盛行於西方的邏輯實證主義和科學主義思潮，它們最初的思想構成元素都來自孔德。當代美國社會學家愛爾華德就認為，「孔德之於科學，猶如耶穌之於基督教」。與孔德基本上是同時代的馬克思在對他作評價時說：「我現在附帶研究孔德，因為英國人和法國人對他大聲叫喊。他們被誘惑的地方是他的百科全書式，即綜合 (synthese)。但是這和黑格爾比較，卻可憐得很 (雖然孔德作為專業的數學家和物理學家優於黑格爾，這就是說在細節上優於他，就整個講，黑格爾即在這裡也比他無限偉大)。而這種腐朽的實證哲學出現在 1832 年。」馬克思把他看作是資本家統治的代言人。就連西方學者羅素對他的政治思想都不敢恭維，認為孔德關於實證的理想是受一群科學菁英的權威的統治，並將執行的權力賦予技術專家，這種安排和柏拉圖的理想國並無不同之處。在認識論方面，羅素也認為他把假設當作形而上學的東西加以排斥，這就曲解了關於科學說明所具有的性質。

對西方傳統的叛逆

在資本主義的發展過程中，不少社會矛盾以更加尖銳的方式呈現在人們面前，無產階級在創造財富的同時也在創造自己的貧困，資產階級在享受富貴的同時也在發展自己的貪婪和虛偽。在西方的文化傳統中，其落後的東西也更加顯露出來。在這過程中，有一些學者對現實採取了比較批判的態度，其中突出的有尼采和斯賓格勒等。他們不受傳統的束縛，主張對傳統的西方價值進行重新評價，嘲笑和指責資本主義社會的種種弊端，對資本主義的某些實質性的問題，說出了別人不敢說的話。因此，有人說他們是革新的思想家，也有人說他們不過是不受資產階級歡迎的資產階級思想家。的確，他們並不能對資本主義的弊病開出什麼好的藥方，但是他們的揭露卻能提醒人們去思考一些問題。下面介紹他們的具體思想。

一 尼采的反傳統思想 一

尼采 (Friedrich Nietzsche，1844~1900 年) 出生於普魯士薩克森省的洛肯鎮的一個牧師家庭。他四歲時父親就去世。在他生長的家庭中，都是一些女性，包括他的母親、姐、祖母和兩位未出嫁的姑母。十四歲時他被送去普福塔有名的住宿學校學習，接受了六年嚴格的智力訓練，經學、宗教和德國文學的成績都極為優秀。1864 年他上波恩大學。次年他

轉學到萊比錫大學繼續攻讀語言學，並開始接觸叔本華的著作。叔本華的無神論和反理性主義思想深深影響了尼采，使他堅定地起來反對他所蔑視的歐洲頹廢文化。尼采曾為瓦格納的音樂所迷戀，後來他說：「沒有瓦格納的音樂，我將不能度過我的青年時代。」

1869 年當巴塞爾大學應徵哲學教師時，他的就職講演《荷馬和古典語言學》使他初露頭角。1870 年被任命為教授，後來萊比錫大學在沒有經過考試的情況下授予他博士學位。1879 年由於健康惡化和對大學教職的厭惡，尼采辭去教授職務。在而後的十年中，他主要在義大利、瑞士和德國遊蕩，尋找能恢復他健康的地方。1888 年尼采從他生病和康復的長期循環中得到了一個短期的休息，在短短的六個月中他以不可思議的速度完成了五本書。 1889 年他在都靈的街頭虛脫，被運回巴塞爾的診所，後又被送到耶拿瘋人院，最後由他母親和姐姐照顧。在他生命的最後十來年裡，由於傳染病感染了腦，他得了不能恢復的精神錯亂。1900 年逝世於魏瑪。

尼采的主要著作有：《朝霞》(1881)、《快樂的知識》(1882)、《蘇魯支語錄》(1883~1885)、《查拉圖斯拉如是說》(1883~1884)《權力意志》(1885)、《善惡之彼岸》(1886)、《道德譜系》(1887)、《瓦格納之墮落》(1888)、《偶像的黃昏》(1888) 等。

尼采以一種熱烈的激情來進行寫作，許多作品文學色彩多於哲理內容，西方有人稱他為詩人哲學家。

西方學者韋興格認為尼采的思想反對七樣事物：

1. 反悲觀論；
2. 反基督教；
3. 反民主制；

4. 反社會主義；

5. 反男女平權論；

6. 反唯智論；

7. 魁反道德論。

　　有人認為他還反資本主義、反國家主義和反瓦格納（音樂家）。因此，無論是西方還是國內，對尼采的評價都是極不一致的。

　　尼采認為多數哲學體系的建立者都企圖以宇宙之謎的解謎者自居而解決所有的問題，而他主張哲學家必須少一些自命不凡，應對人的價值問題較之抽象體系給予更多的關注，要用一種從事新實驗的態度來看待事物，而不為占統治地位的價值觀所約束。尼采的著作常常用警句代替細緻的分析，給人留下模糊和雙重矛盾 的印象。他一些離經叛道的觀點就這樣從著作中脫穎而出。

─「上帝死了」─

　　當其他人從十九世紀的歐洲看到權力和安全的象徵時，尼采卻以預言式的洞察力，理解到當時人們所做的一些會導致傳統價值崩潰的事情。普魯士軍隊使德國在歐洲大陸成為強國，科學技術驚人進步，於是他大膽地預言強權政治和罪惡的戰爭必將來到，他意識到「虛無主義」時期的迫近。對他來說，最重要的事實既不是德國的軍事力量，也不是科學的長足進步，而是對基督教上帝的信仰已激烈地衰落到這樣的地步，使他能說「上帝死了」。

　　他認為如果每一個人都能充分認識到「上帝之死」的所有涵義，併為這一後果所震驚，人們將不會感到驚愕，在未來地球的競技場上出現的將是前所未見的戰爭，人們將從宗教信仰的崩潰和達爾文主義無情的

種族進化的觀念中看到人和動物區別的消失。

「上帝死了」，對尼采還意味著一個新時期的開始。在這個新時期，本質是否認基督教的生活倫理學的，它將被一種肯定生活的哲學所代替。在他尋求的人的價值的新基礎中，上帝不再是人的行為的目標和法令，尼采轉向人性的美學方面。尼采說，世界僅作為美學的現象而存在，將永恆被證明是正當的。

尼采對基督教的衝擊力是極大而且是最鮮明的，因為上帝創造了無能的人，這就證明萬能的上帝是無能的。

在尼采看來，「上帝死了」，意味著傳統的道德、理想都注定要被拋棄，一切存在物都要被超越，人也應被超越而成為超人。

― 酒神和阿波羅神 ―

尼采從荷馬關於阿波羅神和酒神的說明中發現了悲劇的誕生，即藝術的出現和人的美學因素的充分發展，是由於混淆了這些神所代表和展現的兩種原理的結果。對尼采來說，酒神是生命的能動之流的象徵，它不承認任何限制和障礙，在對酒神的崇拜中，個體將陷入一種醉了似的激動，並在更大的生活海洋中喪失自己的個性。阿波羅神則是秩序、限制和形式的象徵，是透過藝術去創造美的力量。從另一種觀點來看，酒神代表的是對靈魂的否定、破壞的黑暗力量，當不控制時，它就會以最野蠻的獸性為特徵的情慾和殘忍，形成令人厭惡的混合；而阿波羅神代表的是合理破壞性的力量，能對付生命力的強而有力的波濤，並將其轉化為創造性的力量。

按照尼采的看法，希臘悲劇是藝術中的偉大傑作，它代表著酒神為阿波羅神所征服。按尼采的說法，人並不面臨酒神和阿波羅神之間的選

擇。事實是人的生活不可避免地包含黑暗和情慾力量的衝擊，悲劇的產生或藝術的創造，是人的基本上健康的因素 —— 即阿波羅神對酒神的病態狂暴所作出的反應。藝術沒有酒神的刺激不會產生。在希臘文化中，人性所建立的最高成就是酒神因素和阿波羅神因素的結合。十九世紀的文化則把那不能被永恆壓制的生命力的爆發往後推遲而已。尼采認為阿波羅神要素與酒神要素的融合將使人的生活轉化成一種美學的現象，這一公式將為現代文化提供一種恰當的和可行的行為標準。而當時的基督教倫理學，在尼采看來是否定生活的消極因素。

一 權力意志 一

權力意志與超人哲學是尼采哲學思想的核心部分。

尼采的權力意志論是一種徹頭徹尾的唯心主義。在他看來，作為人性中心的驅策力是「權力意志」，也就是統治環境、統治他人的意志，這種權力意志較之單純的生存意志具有更多的內容。在他看來，生活的最強和最高的意志不可能在可憐的生存鬥爭中得到表現，而只能在戰爭的意志、權力的意志、征服的意志中得到表現，你自己也就是這個權力意志，世界也就是權力意志，豈有他哉。

在哲學中，一般把對以倫理規律和對生命見地為主的哲學系統稱為生命哲學。尼采的權力意志論就是生命哲學的一種極端表現。尼采認為哲學的任務是要重新評價一切價值，創造新的價值和思想文化。他批判傳統的宗教、哲學和道德，認為它們提供的價值體系都是顛倒的，忽略了爭取權力、鑄塑超人的意義，是造成人們怯懦的原因，而時代需要的是權力意志這種強而有力的、肯定的內在驅動力。

尼采甚至用他的權力意志論來曲解社會主義。他說：「個人主義是

『權力意志』的一個過得去的、尚不自覺的形式……社會主義不過是個人主義的一種宣傳手段。因為，它知道，人為了達到某種目的，必然要形成整體行動，形成某種『權力』……利他主義的道德說教則是為個體利己主義服務的：19 世紀的通病之一。無政府主義僅僅是社會主義的一種宣傳手段；社會主義利用前者製造恐怖感，它則利用恐怖感來震懾人心，恐怖主義開始了。首先 —— 它把膽子大的人、亡命徒拉到自己一邊，特別是在最精神性的事情方面，儘管如此，個人主義乃是權力意志的起碼階段。」從以上這段話，我們看得很清楚，權力意志絕非謀求一點點的個人利益，而是要建立權力、征服世界、掠奪弱者、確立霸權，是一種弱肉強食的邏輯。尼采認為人具有一種十分可怕的野蠻人的自然屬性，就是掠奪他人、渴望擁有權力，撲向弱小的、更講道德、更為和平的種族，在起初高貴的社會等級常常是野蠻的社會等級。正因為尼采把帝國主義強權政治的實質說得太露骨了，又放肆地揭露資產階級的自由、民主、平等口號的虛偽性，所以連資產階級都不大喜歡他。必須指出，尼采對資本主義文化虛偽性的揭露，對資本主義國家的批評固然有其尖銳性，但是尼采是想用一種超人統治的國家來取代它。

尼采說，歷史並不是向著某種抽象的進化了的「人性」來發展，而是向著某種特別的人的出現來發展，「超人」就是歷史發展的目標；只有當優越的個體勇於對所有的價值進行再評價並對他們的內在意志進行自由反應時，這個高級階段才能達到。人總要被超越的，超人正代表這種發展體力、智力和感情力量的更高水平。超人將是真正自由的人，對超人而言，除了權力意志的障礙外不存在別的禁令，超人是生命力的自發證實的真正具體化，超人充實、雄厚、偉大、完整，是創造新世界、新文化的承擔者，超人也是權力意志的實踐者，是撲向弱者而建立霸權的英雄。

尼采歌頌戰爭，認為戰爭能為那衰弱下去的民族灌輸粗獷的攻城掠地的精力，灌輸無情無義的憎恨和殺人不眨眼的冷靜，以及對自己的生死和親人的存亡毫不動心的驕傲氣概。一句話，戰爭將會鑄造超人。愷撒就是尼采心目中的超人；他還說過他自己是好戰的，進攻是他的本能。

如此看來，二戰期間德國法西斯把尼采抬出來作為偶像，以訓練他們征服世界的「超人」，就沒有什麼奇怪了。當然，人們也可以從尼采對資本主義文化的尖刻揭露中，去認識資本主義文化的實質。

― 主人道德和奴隸道德 ―

尼采拒斥西方的傳統道德，尤其是基督教、猶太教的道德。他的道德思想是其權力意志論和超人哲學的延伸。

尼采認為基督教道德是典型的奴隸道德，它產生自各種虛弱的感受。由於自己的虛弱，不免對強者及有創造力者覺得憤懣不平和怨恨，為了抑制這種不平，奴隸的心理就形成一種對人對事的新評價，而把弱者病態者視為最高價值。基督教的謙虛和博愛的倫理思想就由對這種價值的曲解而生，博愛實際上是由對虛弱的憐憫而來。尼采認為基督教想用一切方法把弱者和畸形者保護起來是違反主人的權力意志的，是一種江湖騙術。

尼采的理想是超人，是天才，認為人類的歷史由於有了超人才有意義。充滿高貴的驕傲的主人道德，必須把一切傳統價值重新估價，尤其要克服基督教的奴隸道德。主人道德必須揭露出自怨懣不平而來的種種有害的價值欺騙和曲解，尤其是對肉體的輕視，同時還要超越傳統對善與惡的判斷方法，爭取一種超越善與惡的新態度。

尼采認為弱小者總是期望有破壞強者的力量，要對強者復仇，其實這是一種消極的心理態度，是一種否定生活的意志，是一種消亡和衰敗的原則。在他看來，生活本質上就是占有、損害、征服、剝削、鎮壓、強加於人……他還極力為剝削辯護，認為剝削是一種本能的權力意志，因為這是歷史的一種基本事實。

在尼采看來，歐洲的道德由於否定了權力意志的首要地位因而是不誠實的，基督教是最有誘惑力和最邪惡的謊言，當基督教要求我們去愛我們的敵人時是多麼地與人的天性相悖，天性的指令是要「恨」你的敵人。

他認為，基於權力意志之上的道德僅是那種小心偽裝起來的奴隸道德的一種誠實的說法而已。從主人道德的觀點來看，「殘酷性」一詞僅屬於基本權力意志力量的一種自然表現，平等只能意味著每個人的水平下降為群眾的平庸，只有一種更高的文化才能使超人的發展成為可能。

在尼采看來，人的苦樂偏見反映了一種對增長權力的努力追求。痛苦是一種運用權力去克服障礙的刺激物，而快樂則代表著一種增長了的權力。總之，一切為了權力，一切為了超人。所以，尼采哲學的實質是清楚的。

一 史賓格勒的《西方的沒落》一

史賓格勒 (Oswald Spengler，1880~1936 年) 是德國歷史哲學家，出生於布蘭肯堡，就學於哈雷、慕尼黑、柏林等大學，1904 年獲柏林大學博士學位。他的主要著作有《西方的沒落》(1918~1922)、《普魯士主義和社會主義》(1920)、《人與技術》(1931) 和《抉擇的時刻》(1934) 等。

他為什麼要寫《西方的沒落》這本書呢？他說過，當時 1911 年世界

大戰迫在眉睫，他努力要從危機的外部表現去進一步理解其內在機制。為了有效地理解時代，就必須把它的研究範圍大大擴大，直到把一個具有正常結構的有機體的高級人類本身的故事的祕密搞清楚。他經過研究後認為，正在逼近的世界大戰不再是民族感情、個人影響和經濟傾向所引起的一時性的偶然事故，而是歷史有機體幾百年前就注定和要發生的。他的結論中既有積極的成分，也有消極的東西。

在《西方的沒落》中，他除了提出歷史形態學的概念和把歷史研究對象抽成各個獨立的單元外，還對西方文化的沒落進行了大膽預言和分析。他的言論和尼采的一樣驚世駭俗，使人在聽慣了歌頌的言詞之後，感到耳目一新。

他主張唯意志論、生命哲學，讚揚非理性的力量（血、本能、性、宿命、意志），把它們看作是歷史的決定力量。在他看來，所有文化都要經歷前文化、文化和文明三大階段，周而復始。這種觀點實際上是把生物學的原理應用於歷史研究。他將歷史上盛衰交替的各大文明看成是受生命週期制約的歷史有機體，每一種文化都會經過生命的年輪，都會有孩童、少年、壯年和老年各個發展階段。帝國主義也是任何一種文明都要經歷的階段。他把戰爭看成是人類最高貴的事業，認為民族的前途是由它與其他民族和強國的力量對比來決定的。

在史賓格勒看來，西方文化的本質特徵是一種「浮士德」式的風格，在時間和空間有追求「無限」和「延續」的意志。它向上要追溯自己祖先的榮耀，向下要追求未來的目標，使自己成為上帝，就是這種意志最大的滿足。史賓格勒用浮士德精神的極度擴展來說明西方工業化文明的畸形發展：在機器的網路中，「一個渺小的人像具有無限權力的君王般在其中移動，最後，他覺得自然界就在他腳下似的」。人的生活已被機

器推上了一條他既不能站住、又不能倒退的道路。史賓格勒認為，西方文化進入文明階段之後，將是一個充滿戰爭、動亂和災難的年代。在這個時期，精神上失去了凝聚力的大眾為虛偽的民主政治所操縱，其結果必然是一兩個大國建立霸權，進入帝國時代。西方沒落的徵兆還表現在文化藝術方面，喪失了創造力，墮落為刺激、奢侈、享樂、單純追求感官享受。

─ 種族主義思想 ─

他的種族主義傾向與尼采及以後納粹主義的種族主義是一脈相傳的。他以血和土作為種族的基石，並賦予一種非常神祕的性質，這是理性和科學的東西所無法說明的。他雖然反對歐洲中心論，卻販賣德意志中心論；在他看來，西方所能指望的民族是普魯士，它將扮演羅馬在古代文化中的角色。

史賓格勒和尼采的思想十分相似，他們都對西方的傳統價值進行評價，而且結論是叛逆性的。他們都對西方文化中虛偽的一面有深刻的理解，能夠說出其他一些人不敢說的話。史賓格勒還在對歷史的理解上作出貢獻，指出一切價值的重新評估是每一文明最基本的特徵。他關於戰爭的預言是應驗了的。他用生命的衝動和渴望來解釋社會歷史問題，成為德國 20 世紀生命哲學的代表之一。他關於文化形態學的比較研究對歷史哲學是有貢獻的。

空想社會主義的理想

　　馬克思主義的誕生是西方近代思想史上最重要的事件，它表明無產階級已經作為獨立的政治力量登上歷史舞臺。社會主義思想是馬克思主義的組成部分，它是在批判空想社會主義的思潮上發展而來的。一百多年來，馬克思、恩格斯的科學社會主義思想，無論在實踐上，還是在理論上，都是一支不可忽視的力量。本章將介紹馬克思是如何從政治經濟學對社會主義進行科學論證的。

　　空想社會主義是馬克思主義的理論來源之一。它是在無產階級和資產階級的鬥爭還沒有充分展開的時候出現的。空想社會主義者雖然看到了階級的對立，看到了資本主義社會本身的不公正，然而他們看不到無產階級本身的力量，更理解不了無產階級解放的物質條件；用個人的發明活動來代替對社會規律的探尋，設計了一個個的社會新模式方案，認為今後的歷史只要宣傳和實施他們的方案就足夠了。在他們的心目中，無產階級只是一個受苦的階級。只要按照他們的社會福音去做就能有新的生活。因而他們拒絕一切政治行動，尤其是革命行動。正如馬克思所說的：「這種對未來社會的幻想的描繪，是在無產階級還很不發展、因而對本身的地位的認識還基於幻想的時候，同無產階級對社會普遍改造的最初本能的渴望相適應。但是，這些社會主義和共產主義的著作也含有批判的成分。這些著作抨擊現存社會的全部基礎。因此，它們提供了啟

發工人覺悟的極為寶貴的材料。」

近代空想社會主義思潮的主要代表有聖西門（Henri Claude de Rou-vroy Saint-Simon，1760~1825 年），傅立葉 (Charles Fourier，1772~ 1837 年)，歐文 (Robert Owen，1771~1858 年) 等，下面分別介紹如下：

— 聖西門的空想社會主義思想 —

聖西門出身於一個富裕的貴族家庭，自稱是查理大帝的後裔，聖西門公爵的嫡親。他年輕的時候就有志於社會的改造事業。他說他要研究人類理性的程序，以便將來為改進人類的文明而努力。法國大革命時他自動放棄伯爵頭銜和貴族稱號，更名為公民諾姆。後來他經商賺錢為的是從事科學研究工作。他自稱一生只有一個念頭，就是要為一切人保證其才能的最自由的發展。他的著作很多，主要有《論萬有引力》(1813年)、《新基督教》(1825 年) 等。

聖西門深受牛頓力學機械觀的影響，因而他準備把萬有引力的概念引入他的社會哲學，走一條物理政治學的道路。他說：「我把我的改造歐洲社會計劃的草案叫做《論萬有引力》，因為萬有引力的觀念應當成為新哲學理論的基礎，而歐洲的新政治體系應是新哲學的成果。」他相信從萬有引力的觀念出發可以對一切現象作出或多或少的說明，並借用數學語言來說明人類社會的發展，認為「已經發生的一切和將要發生的一切，形成一個數列，數列的前幾項是過去，後幾項是未來」。他把社會歷史抽成五個時期：人類「開化初期」、古希臘羅馬的奴隸社會、中世紀神學和封建制度、封建制度解體的「過渡時期」或「新封建制度」社會、未來的「實業制度」社會。

在他看來，人類社會進入奴隸社會是一種進步。它減少了對戰俘

的屠殺，拯救了數十億人的生命，而且促進了教化的進展，使統治階級有時間去從事智力的工作，有利於腦力勞動和體力勞動的分工。這樣的看法無疑是有歷史眼光的。他還反對人們把中世紀稱為黑暗時代，認為那個時代歐洲的社會在政治和社會組織方面都超過古代，推進了社會文明。此外，他把十五世紀到十九世紀初稱為「過渡時期」，對新興的資本主義制度進行了無情的揭露和批判，認為這是一種新的人剝削人壓迫人的制度，與舊的封建制度一樣是不合理的。

聖西門的高明之處，在於他在一定程度上認識到經濟、所有制在社會發展中的作用。他預言政治將完全被經濟所包容，政治就是關於生產的科學。恩格斯認為，雖然經濟狀況是政治制度的基礎這樣的思想在這裡僅僅是以萌芽狀態表現出來，但對人的統治應當變成對物和勞動的管理的思想已明白地表達出來了。聖西門還指出，十五世紀以來的歐洲的歷史的基本內容是社會各階級的鬥爭。如他把法國的社會抽成三個階級：「我把人類抽成三個階級。第一個階級，是我和您有幸所在的那個由學者、藝術家和一切有自由思想的人所構成的階級，它高舉著人類理性進步的旗幟前進。第二個階級的旗子上寫著：不進行任何改革！凡是不屬於第一個階級的有財產的人，都屬於這個階級。第三個階級是在平等的口號下聯合起來的人們，它包括人類的其餘的一切成員。」這種從政治思想上劃分階級的做法當然是不科學的，但他能認識到階級的存在和它們在政治上的差異是可取的。正因為如此，他的歷史觀基本上是唯心主義的，他把人類社會的發展歸結為人類理性的發展，由此把人類的歷史抽成三個時代，即人類理性從原始偶像崇拜到多神教的時代、人類理性達到單一基因、神的觀念的時代和從宗教外殼下解放出來的實證主義的時代。他的這套理論是為了論證實業制度的必然性。

　　聖西門認為實業制度是理想的社會模式，自稱這是他先驗地設想出來的。這種社會組織的主要目的是要盡善盡美地運用科學、藝術和手工業所取得的知識來滿足人們的需要，是一種理想的平等、自由幸福和和諧的社會制度。它不是由貴族和軍人來掌管，而由實業家和學者來掌管。據說在這種新制度下，政治危機和混亂狀態會結束，資本主義的許多弊端會消除，一個人人自由勞動和按才取酬的新社會會降臨人間。在這種制度下，「社會的一切階級的福利都能夠大大提高，而不管它是人數最多的無產階級，還是最有錢的富人階級」。按聖西門的說法，實業制度的領導力量是實業家和學者。他所說的實業階級是一個很廣的概念，包括一切從事有益於社會的工作的人們，不僅包括工人、農民和其他勞動者，而且還包括企業主、農業主、商人和銀行家。能進入實業家行政委員會的主要不是前一種人，而是後一種人，即有管理經驗的企業家和銀行家。正因為如此，恩格斯說：「在聖西門那裡，除無產階級的傾向外，資產階級的傾向還有一定的影響。」聖西門認為，社會的精神權力應交給集中了著名學者、科學家、藝術家的最高科學委員會，由他們來制定法律，主管科學、文化和宗教方面的事務。他們是民族真正的骨幹，以創造性的勞動來促進民族文化事業的提高和發展。

　　在宗教問題上，聖西門不是一個徹底的唯物主義者，他主張用一種新基督教來取代舊的宗教神學。這種新的基督教能與科學的發展同步，能作為一種道德手段來為新的社會制度服務。新的基督教仍要奉行「人人都應當兄弟相待」的原則，從而能引導社會走向最迅速地改進最窮苦階級的命運的目標。對此種進 步的思想，馬克思這樣評論：「我們不要忘記，聖西門只是在他的最後一本著作《新基督教》中，才直接作為工人階級的代言人出現，才宣告他的努力的最終目的是工人階級的解放。他以前寫的所

有著作,事實上只是歌頌現代資產階級社會,反對封建社會,只是歌頌產業家和銀行家,反對拿破崙時代的元帥和法律製造者。」

在所有制問題上,他幻想使大多數的無產者擁有財產,但並不想剝奪有產者的財產,也不想消滅私有制來達到。只是主張把有產者吸引到實業制度中,用個人利益去推動他們從事開鑿運河、鋪設道路、架設橋樑、興修水利等公益事業。

聖西門想像,在實業制度下,人人都要勞動,遊手好閒是萬惡之源。在他看來,窮人和富人的差別就是體力勞動和腦力勞動的差別。他的措施是宣傳「勞動是一切美德的源泉」的思想,讓政府把反對遊手好閒分子的鬥爭進行到底。他認為,在實業制度下不允許有失業現象存在,社會應保證最窮苦的階級的勞動權利。在分配上,他主張每個人的收入應和他的才能和貢獻成正比,使每個社會成員都得到最大的福利。這種主張已包含了按勞分配思想的萌芽。無疑,以上這些思想是非常深刻的。

關於平等的思想,他有一個變化的過程。早期他規勸無財產階級服從有財產階級的統治。後來他主張廢除一切特權,把國家的權力交給有才能的人,而不考慮他們的出身。他相信無產階級已經有能力成為新社會中平等的一員。

他主張社會變革應當用和平的方式來進行。他把暴力革命看作是一種破壞性的因素,強調道德感化的力量,而指導這種力量的是神的代理人的博愛者。

由於聖西門思想中的弱點,他的思想不可能有深遠和廣泛的影響。「聖西門主義很像一顆閃耀的流星,在引起思想界的注意之後,就從社會的地平線上消失了。現在沒有一個人想到它,沒有一個人談起它;它的時代過去了。」

── 傅立葉的空想社會主義思想 ──

傅立葉是聖西門同時代的人。他出身於富商家庭，後來也長期經商。他對法國革命持敵對的態度，認為雅各賓黨人是一些強盜，由此得出否定階級鬥爭和暴力革命的思想。他不滿當時社會的現實：一方面是高利貸者、投機商的橫徵暴斂；一方面是窮苦百姓的深重的苦難。於是他博研群書，希望尋求一個理想社會的答案。他的學說是在 1798 到 1802 年期間形成的。他這樣說明道：「我也跟牛頓一樣，被一個蘋果指出了思想的方向，這個蘋果真不愧為名產，使得我這個旅行者在巴黎弗裡葉餐廳進餐花了十四蘇。當時我剛從外省來，在外省，像這樣的蘋果，即使再大一點和品質再好一點，有隻賣半個裡拉爾，也就是十四蘇可以買一百多個。我很詫異，同一地區和同一氣候地帶的產品，在價格上竟如此懸殊。於是我開始懷疑工業體制中存有基本缺陷，並從此著手探索。經過四個年頭，我發現了工業組織的謝利葉，最後又發現了牛頓所疏漏的世界運動規律。」從此，他一方面從事繁重的商業工作；一方面潛心著書立說，幾乎達到瘋狂的地步。恩格斯曾說：「在傅立葉的著作中，幾乎每一頁都放射出對備受稱讚的文明造成的災難所作的諷刺和批判的火花。」

傅立葉以他非凡的才能研究了人類社會的發展，為我們描寫了社會發展的階段和圖式。在他看來，「大自然是由三個永恆的、自生的，不可毀滅的原則組成的：①上帝或神意即積極的作為動力的原則。②物質消極被動的原則。③正義或數學即調節運動的原則。」他所說的上帝，並非指超自然的神靈，而是說在推動 和改變物質的時候也要按數學規律行事；而命運則是上帝為宇宙運動所制定的數學規律在現在、過去和將來的成果。宇宙物質的運動有四種形式：社會運動、動物運動、有機運動和物質運動。其中社會運動是最主要的，其他三種運動不過是社會運

207

動的模型，是社會運動的象形文字。在他所設想的社會運動的第一種圖式中，社會的歷程 —— 大約 8 萬年之久 —— 可以抽成四個階段，再細分為 32 個時期。總之，他的分法很多，但中心思想是認為社會從低階階段向高級階段發展，不斷上升，不會停留在不變的狀態中。他譏笑有的思想家對文明制度的偶像崇拜。他問道，如果說在文明社會之前有過矇昧、宗法、野蠻三個時期，難道這第四個時期就是最後一個時期嗎？他主張懷疑文明制度的完善性和永久性，認為文明社會只是歷史長河中的一段。他還說，在文明階段，貧困是由過剩本身產生的。

　　傅立葉嚴屬斥責了文明制度下的種種罪惡，充分揭露了資本主義社會的種種弊端。他看到了資本主義社會中的階級對立，指出生產的發展只能是富人愈富，窮人愈窮。他稱資本主義工廠是「溫和的苦役場所」，資本主義制度是「復活的奴隸制」，商業中充滿了撒謊和欺騙。社會道德敗壞，道德只不過是富人壓制窮人的情慾的工具，而富人則為所欲為，從來不遵守任何道德。他認為資產階級憲法雖然規定人民享有各種權利，但對窮人來說等於零，因為窮人根本沒有辦法來實現這些權利。他認為在人的天賦權利中，勞動權是首要的，當勞動人民失去勞動權的時候，他們便無以為生。

　　傅立葉的理想社會制度是「和諧制度」，認為它可以使人擺脫一切苦難，滿足一切天然的情慾。做到這一步，要具有兩個條件：

　1.「創造大規模的生產、高度的科學和優美的藝術」；

　2. 發明一種「與分散經營相反的合作結構」。

　　他認為第一個條件已由文明制度給我們創造出來了，而第二個條件還需要我們去創造。在傅立葉所設想的「和諧制度」裡，基本單位是「法郎吉」。法郎吉既是生產單位，又是生活單位，其最佳人數是 1620

人，根據勞動性質和種類的不同，抽成若干個生產隊，大家公共住在一所被稱為法倫斯泰爾的大廈中：大廈中有郵局、食堂、圖書館等生活設施；成員可以根據自己的愛好來選擇勞動內容；多樣化的勞動方式符合自然的多樣化的情慾；在勞動中，競賽將取代競爭，勞動將成為樂事。恩格斯非常讚賞傅立葉這一思想，認為他確立了勞動和享受的同一性。

傅立葉關於婦女解放的思想是相當進步的。他認為，婦女問題的性質是隨著社會制度的變化而變化的。在矇昧時期，婦女處於從屬地位，在宗法時期淪為半奴隸狀態，在野蠻時期完全處於被奴役地位。在文明制度下，婚姻制度使婦女受壓迫受苦難，其壓迫的程度不亞於人類其他關係的壓迫程度。他主張，婦女就是婦女，婦女要從家務勞動中解放出來，使婚姻的結合和離異都有自由；還主張讓婦女擔任各種要職，行使實權。恩格斯認為，傅立葉第一個表明了這樣的思想：婦女解放的程度是衡量普遍解放的天然標準。

所以，傅立葉的思想在思想史上應有一定地位，他對資本主義制度的批判和對未來社會的描繪都為科學社會主義的建立準備了豐富的思想材料。但是，由於他堅決反對用革命的手段來改造社會，不相信無產階級能夠自己解放自己，因此他的學說在歷史上真正發揮作用的時間是很短促的，自十九世紀四十年代科學社會主義誕生之後，空想社會主義也就退居後臺。

— 歐文的空想社會主義思想 —

歐文是又一位傑出的空想社會主義者，他是一位社會實踐家。儘管他的思想是無法實現的，但他每每將自己的社會理想付諸實踐，不屈不撓地為理想而鬥爭。

不到 30 歲，他就是新拉納克紗廠的經理。他決心進行改革來證實他的思想，說明人是環境的產物，一旦環境改變了，人的性格也會改變。他的改革有：

1. 縮短工時，提高薪資；
2. 設立工廠商店；
3. 加強對工人的教育；
4. 改善福利狀況，提高工人生活。

　　他還設立互助會、俱樂部、學校、醫院、託兒所、幼稚園等，使該地區成為一個模範的移民區。多年的實踐使他贏得了慈善家的聲譽，一時名震全歐。1824 年，他和幾位門徒去美國印第安納建立了一個「新協和公社」。1829 年他回到英國，直接面對工人階級。1832 年他創辦了「全國勞動產品交換市場」，用勞動券代替貨幣，根據勞動估價進行交換。1833 年還主持過英國工人第一次代表大會。1835 年起他離開了工人運動。1839~1845 年又在英國的漢普郡組織示範性公社。他的主要著作有：《新社會觀，論人類性格的形成》(1813~1814 年)、《新道德世界書》(1842~1844 年)、《人類思想和實踐中的革命》(1849 年)。

　　歐文的環境決定人性格的思想，是他接受法國唯物主義的思想的結果，也是他社會實驗的信條。他說這是他多年研究所產生的信念。他認為，人的性格是社會外力作用的結果：「社會在人出生以後，對這種神造的材料進行明智的加工或糊塗的加工，給它添上可以叫做人為性格的那一部分東西。」

　　他認為，社會中的一切罪惡都是由不合理的社會制度產生的，都是由惡劣的環境造成的。由此他得出一個結論，要消除惡，就要改造環境，要改造環境，就要用一種社會制度來取代現行的社會制度。他又十

分強調教育的作用，認為要改變環境首先要改變教育，然後再去改變制度。

在他看來，阻礙社會改造有三個障礙：私有制、宗教和現行的婚姻制度。私有制使私有者利慾熏天，成為愚昧、自私、沒有理性的富人，這樣的富人其實是衣冠禽獸。他認為在合理組織起來的社會中，私有財產不再存在，除個人的日常生活用品，其他都應變成公有財產，人類將世代幸福，永遠不會後退。

在宗教問題上，他認為宗教是一種貨真價實的蠢舉，會引起人類智力的衰退，為有產階級的壓迫和剝削辯護，造成隔閡、仇視、欺騙、敲詐、賣淫等醜惡現象。他主張用一種理性的宗教來取代，併為理性的宗教擬定了十條「神聖法則」。這種理性的宗教能使人們面貌煥然一新，成為有理性、聰明、漂亮和真正優雅的人。他認為現行的婚姻制度不利於男女之間的平等與和諧關係的建立，也應進行改革。

歐文關於勞動公社的理想是十分美好的。他認為這樣的社會制度「是根據聯合勞動、聯合消費、聯合保有財產和特權均等的原則建立起來的」。它是一種「真理、富裕和幸福的優良制度」。他極力將它付諸實踐，似乎依靠理性的力量就能消除違反理性的資本主義制度。歐文曾經向美國議會提出過改革方案，向歐洲各國發出過無數的呼籲，甚至直接向英國女皇陳情。但這一切，結果都落空了。

透過以上介紹，我們可以看到，這些空想社會主義思想家的思想，代表的是西方先進文化的前進方向，因而其成為科學社會主義的理論來源之一是十分自然的。

唯物史觀

馬克思主義繼承了人類文明中一切有價值的東西，在哲學、社會學、經濟學等領域掀起了一場深刻的革命，不僅在實踐上指導了世界的無產階級革命，而且在思想史上為人類留下了一份極其寶貴的財富。

恩格斯認為：唯物主義歷史觀的創立和透過剩餘價值揭露資本主義生產的祕密，都應歸功於馬克思。由於這些發現，社會主義已經變成了科學。正是馬克思最先發現了偉大的歷史運動規律，揭示出一切歷史上的鬥爭，無論是在政治、宗教、哲學領域中進行的，還是在任何意識形態領域中進行的，實際上只是各社會階級鬥爭的或多或少明顯的表現——這個規律對於歷史同能量轉化定律、對於自然科學具有同樣的意義。人類社會同自然界一樣，也有自己的發展史和自己的科學。

按照這種觀點，人們一切法律、政治、哲學、宗教等觀念都是從他們的經濟生活條件、從他們的生產方式和產品交換方式中引匯出來的。現代歷史著述方面的一切真正進步，都是歷史學家從政治形式的外表深入到社會生活的深處時才取得的。馬克思關心的是：用準確的科學研究來證明一定社會關係制度的必然性，同時盡可能完全地指出那些作為他的出發點和根據的關係。

馬克思和恩格斯認為，過去的歷史觀，不是完全俯視歷史的現實基礎，就是把歷史看作是按照某種尺度來編寫的。在歷史上，只看到元首

和國家的豐功偉業，看到宗教的、一般理論的鬥爭，而且在每一次描寫某一時代時，它們都不得不贊同這一時代的幻想。其實，經濟發展對意識形態領域的最終支配作用是無疑的，但是這種支配作用是發生在各該領域本身所限定的那些條件範圍內的，「任何一個時代的統治思想始終都不過是統治階級的思想」。一切唯心主義者，不論是哲學上的還是宗教上的，不論是舊的還是新的，都相信靈感、啟示、救世主、奇蹟創造者。他們不相信歷史的發展像自然的發展一樣，有它自己的內在規律。馬克思指出，相當長時期以來，人們一直用迷信來說明歷史，而我們現在是用歷史來說明迷信。—— 這就是馬克思主義經典作家為唯物史觀所作的描述。

— 馬克思唯物史觀的思想來源 —

按照思想史的發展規律，唯物史觀的形成也是一個歷史的過程。在十八世紀法國唯物主義和社會歷史觀中就包含許多唯物史觀的思想要素，如從法國大革命時起就有一些歷史學家 (梯葉裡、基佐、米涅、梯也爾) 在總結當時的事變時，認為階級鬥爭是了解全部法國歷史的鑰匙，力圖用「實際利益」、「經濟狀況」或「財產關係」來說明社會政治制度、階級鬥爭、宗教鬥爭等社會現象，但他們並不能真正科學說明「經濟狀況」或「財產關係」的內在聯繫，不能說明階級矛盾的經濟根源以及階級鬥爭的本質和作用，因而他們對歷史的認識還沒有奠定在科學的基礎上。

對唯物史觀的形成產生影響的還有黑格爾的唯心主義歷史辯證法。雖然他把歷史的實質歸結為絕對精神或絕對理念，但他卻把歷史看作是一個有規律的、不以人的意志為轉移的辯證發展過程。黑格爾正確地理

解了偶然性和必然性的辯證關係。在黑格爾以前的許多思想家往往用偶然性來看待歷史，把歷史描繪成是一大堆偶然事件的堆積，黑格爾則不然，他力圖透過社會生活所發生的無數偶然現象，從中找出歷史運動的必然性、規律性。例如他對羅馬共和國的滅亡，就認為並不是由於凱薩降生這樣的偶然事件，而是有它內在的必然性。恩格斯認為，根據黑格爾的觀點，「人類的歷史已經不再是亂七八糟的一堆通通應當被這時已經成熟了的哲學理性的法庭所唾棄並最好盡快被人遺忘的毫無意義的暴力行為，而是人類本身的發展過程，而思維的任務現在就在於透過一切迂迴曲折的道路去探索這一過程的依次發展的階段，並且透過一切表面的偶然性揭示這一過程的內在規律」。不僅如此，黑格爾的歷史觀，在形式上是唯心的，在內容上卻有相當的現實感。在他看來，「市民社會」、「財產關係」是各個國家和民族社會生活的基礎；家庭的出現與原始民族的經濟發展有密切的聯繫；在一個國家和政府成立之前必須先有階級區別，以致貧富兩階級成為極端懸殊狀態。這些認識成果是積極的。恩格斯曾經這樣評價說：黑格爾是「第一個想證明歷史中有一種發展、有一種內在聯繫的人，儘管他的歷史哲學中有許多東西現在我們看來十分古怪，如果把他的先輩，甚至把那些在他以後勇於對歷史作總結的人同他相比，他的基本觀點的宏偉，就是在今天也還值得欽佩」。列寧也認為黑格爾的社會歷史觀點已「接近歷史唯物主義」，「已經有歷史唯物主義的萌芽」。

促成馬克思建立唯物史觀的思想另一環節是費爾巴哈的思想。費爾巴哈的唯物主義雖然是半截子的唯物主義，然而它在唯物史觀的形成過程中也起過重要的作用。費爾巴哈對唯心主義的批判，尤其是他的《基督教的本質》一書的出版，在當時的德國思想界起過極大的影響。他指

出，基督教不過是人們憑自己的宗教幻想製造出來的「最高存在物」，只不過是人自己所固有的本質的虛幻的反映。自然界除了物質之外不存在任何其他的事物。恩格斯在回憶當時的情景時說：「這部書的解放作用，只有親身體驗過的人才能想像得到。那時大家都很興奮：我們一時都成了費爾巴哈派了。」普列漢諾夫認為，馬克思是從黑格爾那裡承襲了辯證方法，從費爾巴哈那裡承襲了唯物主義。列寧也曾指出：「馬克思在 1844~1848 年離開黑格爾走向費爾巴哈，又進一步從費爾巴哈走向歷史 (和辯證) 唯物主義。」所以，馬克思走向唯物史觀的道路是清晰的。普列漢諾夫就認為：「不是思維自身決定著存在，而是存在自身決定著思維。這個思想是費爾巴哈全部哲學的基礎。這個思想也被馬克思恩格斯當作唯物史觀的基礎。」當然，馬克思唯物史觀的形成是一個歷史的過程，並不是對這些理論要素的簡單歸納，而是經過細緻的分析批判後才採納其中某些思想的。下面我們介紹這個形成過程。

— 馬克思唯物史觀的形成過程 —

馬克思唯物史觀的形成過程有幾個歷史性、代表性的著作。這就是《1844 年經濟學哲學手稿》、《神聖家族》(1845)、《德意志意識形態》(1845~1846)、《關於費爾巴哈的提綱》(1886)、和《〈政治經濟學批判〉序言》(1859)。《1844 年經濟學哲學手稿》已經有了唯物史觀的雛形，到了《神聖家族》已明確地把人民群眾當作歷史的創造者，在《關於費爾巴哈提綱》中則將實踐作為一種歷史的創造活動，在《德意志意識形態》和《〈政治經濟學批判〉序言》中唯物史觀就有了完整的表述。下面我們分別加以介紹：

《1844 年經濟學哲學手稿》是馬克思系統研究政治經濟學的第一個

成果，雖然這部著作尚有未成熟的地方，然而在馬克思的思想發展史上有著重要地位。在《手稿》中，馬克思對唯物史觀的某些命題作了非常重要的論述，如透過對人的勞動分析進而說明人們的社會關係。

馬克思是從黑格爾對人的勞動分析入手的。馬克思指出，黑格爾站在現代經濟學家的立場上把勞動看作人的本質，看作自我確證的本質，但是黑格爾並沒有看到勞動的消極方面，即沒有看到勞動所受到的來自客體的制約；更為重要的是，黑格爾從整體上輕視人類的物質生產勞動。他「唯一知道並承認的勞動是抽象的精神的勞動」。馬克思認為，人的勞動的積極方面表現為人對自然的改造，其消極方面則表現為人從屬於自然，人如不改造自然，就無法維持生命的延續。人正是透過不斷改造自然的活動才培養了人的本質特徵和人的本質力量。在馬克思看來，作為人的勞動是自覺的、有意識的並能夠從他所創造的世界中直觀自身，是精神活動和物質活動的統一。馬克思還改造和吸收了費爾巴哈的「類」的概念，認為只有勞動才使人形成為「類」。這就為唯物史觀的創立奠定了最初的基礎。因為人的「類生活本身即社會」，而「國家是由人們組成的」，也是一種類生活，人把自己看作是社會存在物。這一系列的新觀點，都指明要探尋歷史的奧祕，必須從人出發，從人的勞動出發。人的勞動才是蘊含著歷史之謎的關鍵範疇。這樣，馬克思就抓住了理解人類歷史的最終的決定力量即人類的物質生活條件。

在馬克思看來，歷史的發展使勞動產生了異化，透過勞動異化的分析，我們能夠進一步了解人類社會生活的本質。所以有必要 對異化的原因進行分析來探尋歷史發展的規律。異化勞動表現在四個方面：

第一，表現在勞動者的勞動與勞動產品的異化上。

這就是說，勞動所生產出來的產品是作為一種異化的存在物和勞

動者相對立的。這是對資本主義社會的經濟活動的某種概括：工人生產的產品越多，他就越貧困。這種異化勞動為工人帶來的是災難。勞動建造了宮殿，但工人卻住進了貧民窟。勞動創造了美，但工人卻變成了畸形。

第二，勞動自身的異化。

這就是說，勞動對勞動者而言是否定的、外在的。工人在勞動中不是感到幸福，而是感到不幸，不是自由地發揮自己的體力和智力，而是使自己的肉體受到摧殘，精神受到折磨。這種勞動不是自願的而是強制的，不是屬於自己的，而是屬於別人的。

第三，異化勞動表現為勞動者與人的類本質的異化。

這種表現是上面的異化合乎邏輯的結果。異化勞動從人那裡奪去了勞動產品，從外部強加給勞動者，也就從人那裡奪走了他作為人的類生活。人類自己的本質變成了僅僅是維持自己生存的手段，這樣人的類本質也就和人自身相異化了。

第四，人與人相異化。

這是馬克思關於異化勞動的分析最為重要的結論。如果一個人的勞動都不是屬於他自身的，那麼他的產品、他的活動屬於誰？這樣，異化勞動的根源就找到人與人的關係上來，必然透過生產關係和財產關係來加以說明。這正是唯物史觀的重要的觀點之所在。馬克思指出：「透過異化的、外在的勞動，工人生產出一個跟勞動格格不入的、站在勞動之外的人與這個勞動的關係。工人與勞動的關係，生產出資本家（或者不管人們給僱主起個別的什麼名字）與這個勞動的關係。」

馬克思認為，異化勞動只是在人類社會的一定發展階段上出現的現象，它的發展必定會導致自身的否定，從而消滅異化，恢復正常的勞

動樂趣。他甚至把共產主義理解為是私有財產即人的自我異化的積極的揚棄。

我們知道，馬克思在《手稿》中是使用黑格爾和費爾巴哈用過的「異化」的概念來批判私有財產的。這種批判雖然包含著深刻的思想，但還不是從資本主義制度的內在聯繫出發的。馬克思所由以出發的感性具體是這樣的客觀經濟事實：工人創造的財富越多，他越貧困；工人勞動的產品彷彿是一種外在的東西和權力與他對立著。不僅如此，就連勞動自身也成為一種外在於他的東西和他對立著，不屬於他，而屬於另一個人。勞動的異化使他對自己的族類也異化了。這種異化的實質在於從事生產勞動的人創造了不屬於他的產品，同時也就創造了非生產者占有生產數據和產品的權力。可以說，這是對資本主義制度下資本和勞動對抗的較為抽象的概括。這個結論已經撇開了資本主義社會中許多關於自由、平等的虛假錶象，而抽取了所有對抗現象的某種共同的東西。但是這種抽象仍然沒有涉及到資本主義制度的深層結構。這正好反映了這樣的狀況，唯物史觀仍在開創之中。《手稿》提出的只是唯物史觀的一個初步的輪廓，許多細節仍需要進一步深入研究，尤其是從政治經濟學角度的進一步研究。

《神聖家族》的批判鋒芒是指向以布魯諾‧鮑威爾為代表的唯心主義歷史觀。馬克思指出，這些人的歷史唯心主義的實質是，「一方面是群眾，他們是消極的、精神空虛的、非歷史的、物質的歷史因素；另一方面是精神、批判、布魯諾先生及其夥伴，他們是積極的因素，一切歷史行動都是由這種因素產生的。改造社會事業被歸結為批判的大腦活動」。在馬克思看來，「思想根本不能實現什麼東西，為了實現思想，就要有實踐力量的人」。在這裡，馬克思已經意識到實踐的力量。馬克思認為，人

民群眾絕不是歷史發展的障礙，而是歷史發展的主體。「歷史活動是群眾的事業，隨著歷史活動的深入，必將是群眾隊伍的擴大。」正是透過批判，馬克思提出了人民群眾是歷史的創造者的深刻思想。

鮑威爾等人不僅輕視人民群眾，而且輕視人民群眾所從事的物質生產。他們認為，社會歷史同粗糙的物質生產無關，只需考察社會歷史的思想因素和政治因素。針對這種唯心主義的歷史觀，馬克思指出，歷史發源地不是在天上的雲霧中，而且是在塵世的粗糙的物質生產中；財產關係和占有關係不只是人和物的關係，而且是人與人的關係，是社會關係的物化形式。馬克思還指出，無產階級不會白白經受煎熬，而是會造就成新的素質，成為將私有制推向滅亡的物質力量。

《神聖家族》在唯物史觀的形成過程起著重要的轉折的作用，儘管《神聖家族》一書仍存在著費爾巴哈人本主義的影響。在此之後，馬克思的思想就發生了迅速的變化。恩格斯曾回憶說，1845 年我和馬克思在布魯塞爾重新見面時，他已經用經濟關係及其發展來說明全部政治及其歷史，大致完成了發揮唯物主義的歷史理論的工作。在此期間，馬克思寫了《關於費爾巴哈的提綱》和《德意志意識形態》（與恩格斯合作），完成了唯物史觀的制定工作。

在馬克思對費爾巴哈的批判中，已經不再從抽象的人的本質或勞動的異化出發，而是從社會關係、生產關係出發來研究社會歷史及人的現實活動；不再認為生產勞動是反映人的本質的鏡子，而是把人的本質定義為社會關係的總和；不再用勞動的異化和復歸來說明共產主義，而是把共產主義看成是資本主義經濟發展的必然產物。

在《關於費爾巴哈的提綱》中，馬克思闡述的實踐的觀點，成為唯物史觀的基礎，也是整個馬克思主義哲學的基礎。實踐被理解為一種革

命的批判的活動，也就是對歷史的連續不斷的創造。所以，實踐是歷史的實踐，是社會存在和發展的普遍形式。實踐思想所表達的主體對客體的能動作用，也就是人們在一定的生產關係中對自然的客觀世界的一種改造。實踐不可能是超歷史的抽象的活動。實踐如果沒有一定的社會關係作為依託，也就成了一種空洞。馬克思強調：「這種歷史觀和唯心主義歷史觀不同，它不是在每個時代中尋找某種範疇，而是始終站在現實歷史的基礎上，不是從觀念出發來解釋實踐，而是從物質實踐出發來解釋觀念的東西。」

在《德意志意識形態》中，唯物史觀得到了系統的完整的表述，這種表述與後來《〈政治經濟學批判〉序言》中的表述是完全一致的，剩下的問題只是更詳細的科學論證。這後來在《資本論》中得到解決。馬克思對唯物史觀作如下的表述：「這種歷史觀就在於：從直接生活的物質生產出發來考察現實的生產過程，並把與該生產方式相聯繫的、它所產生的交往方式，即各個不同階段上的市民社會，理解為整個歷史的基礎；然後必須在國家生活的範圍內描述市民社會的活動，同時從市民社會出發來闡明各種不同的理論產物和意識形式，如宗教、哲學、道德等等，並在這個基礎上追溯它們的產生過程。」在這裡我們看到，生產關係的術語還不是十分明確的，「交往關係」、「市民社會」、「交往方式」、「生產關係」經常互相替代，其所指則大致相同，即後來馬克思使用的生產關係。然而其基本的內涵是明確的，是指在生產力發展一定階段上必然產生的人們之間的社會交往形式。按照馬克思的意思，人類和自然的關係，也就是物質數據的生產，只有在一定的社會形式即生產關係中才是可能的。人和自然的關係也是帶有社會性質的關係。馬克思認為，生產力決定著社會面貌的基本方面，而交往方式當其適應生產力的發展時就

能促進生產力的發展，當其不適應生產力的發展時就會阻礙生產力的發展。這就是生產力和交往方式的辯證運動。書中還對歷史上隨著生產力和分工的發展而出現的四種社會 形態進行了分析，這就是以自然分工為基礎的部落所有制、以私有製為基礎的奴隸制、封建的或等級的所有制和資本主義所有制。馬克思認為隨著生產力的充分發展就可以在消滅私有制和分工後建立共產主義所有制。在最後這種所有制中，沒有異化，是一切人自由發展的聯合，勞動上的差別不會引起占有和消費方面的任何不平等和任何特權。馬克思關於社會形態的分析抽成三個層次的結構：第一層結構是生產力，生產力包括勞動過程和勞動因素，勞動因素則包括勞動者的體力和智力、勞動工具、勞動材料和科學技術的因素，只有這些成分的動態的結合才能形成現實的生產力；第二層結構按馬克思後來的說法是經濟基礎，也即生產關係的總和，也就是人們在財產所有權上、在流通和分配領域中、在勞動生產過程中的人與人關係；第三層結構又可分為人們的政治和法律關係以及高高在上的人們的意識形態，即哲學、宗教和道德等精神的東西。

後來透過政治經濟學的研究，馬克思唯物史觀的一些範疇和概念都得到進一步的明確和規範。對於生產方式這一唯物史觀的核心概念，馬克思說：「如果說資本主義生產方式以生產條件的這種一定的社會形式為前提，那麼，它會不斷地把這種形式再生產出來。它不僅生產出物質的產品，而且不斷地再生產出產品在其中生產出來的那種生產關係，因而也不斷地再生產出相應的分配關係。」唯物史觀告訴我們，人民是在自己創造著自己的歷史，但是我們是在十分確定的條件和前提下進行創造的，人們只能解決一定條件下的任務。這就是唯物史觀與以前一切歷史哲學不同之處。與此同時，唯物史觀並不否定上層建築的反作用，恩

格斯早就指出：「根據唯物史觀，歷史過程中的決定因素歸根到底是現實生活的生產和再生產。無論馬克思或我都從來沒有肯定過比這更多的東西。如果有人在這裡加以歪曲，說經濟因素是唯一決定性的因素，那麼，他就是把這個命題變成毫無內容的、抽象的、荒誕無稽的空話。」恩格斯還指出，如果不把唯物主義方法當做研究歷史的指南，而是把它當作現成的公式，按照它來剪裁歷史事實，那麼它就會轉變為自己的對立物。唯物史觀關心的是一件事：用準確的科學研究來證明一定社會關係制度的必然性，同時盡可能地指出那些作為他研究的出發點和根據的關係。

對於個別人物在歷史上的作用，馬克思也有明確的看法。他認為，每一個社會時代都需要有自己的偉大人物，如果沒有這樣的人物，它就要創造出這樣的人物來。恰巧某個人物在一定時間出現於某一國家，這當然純粹是一種偶然現象。但是，如果我們把這個人除掉，那時就會需要有另外一個人來代替他，並且這個代替者是會出現的 —— 或好或壞，隨著時間的推移總是會出現的。偉大的人物在歷史的發展過程中發揮著偉大的作用。但在歷史唯物主義看來，個別人物的作用總是受歷史的條件制約的。

歷史的發展是受多種因素影響的。在社會歷史領域內進行活動的，全是具有意識的、經過思慮或憑激情行動的、追求某種目的的人；任何事情的發生都不是沒有自覺的意圖，沒有預期的目的的。後來恩格斯為了反對有的人對唯物史觀的簡單化，還提出了歷史發展的「合力」的思想，這種思想就是把作用於社會歷史的各種因素以及這些因素的相互作用看作是一個複雜的動力系統，是它們推動社會歷史前進，甚至把許多人的意志力量也看成是一種「合力」。但是，這絲毫不能改變這樣一個現

實：歷史過程是受內在的一般規律支配的，其最終的決定力量是社會生產力。這就是歷史唯物主義所闡明瞭的歷史運動的規律。

　　歷史是豐富多彩的。按照辯證法的觀點，在人類的命運中，除了不固定本身外沒有任何固定的東西，除了變化本身之外沒有任何不變化的東西；只要注意觀察歷史的不可阻擋的程序，看到歷史的車輪是怎樣無情地駛過一個個帝國的廢墟、常常毫不惋惜地毀滅整整一代人，充滿了偶然突發的事件，但歷史發展的總航向還是 有規律可循的。唯物史觀在人類思想史上的影響是巨大的。毫無疑問，歷史唯物主義會把人類關於自身歷史的研究提高到一個空前的高度。

智者的遺產，西方文化思想精粹：
米利都學派的開端、赫拉克利特的流變哲學、原子論的創立和發展……從古典哲學到近現代教育革新的軌跡

編　　著：李劍橋，竭寶峰

發 行 人：黃振庭

出 版 者：崧燁文化事業有限公司

發 行 者：崧燁文化事業有限公司

E-mail：sonbookservice@gmail.com

粉 絲 頁：https://www.facebook.com/sonbookss/

網　　址：https://sonbook.net/

地　　址：台北市中正區重慶南路一段六十一號八樓815
室

Rm. 815, 8F., No.61, Sec. 1, Chongqing S. Rd., Zhongzheng Dist., Taipei City 100, Taiwan

電　　話：(02)2370-3310

傳　　真：(02)2388-1990

印　　刷：京峯數位服務有限公司

律師顧問：廣華律師事務所 張珮琦律師

-版權聲明

定　　價：299 元

發行日期：2024 年 04 月第一版

◎本書以 POD 印製

國家圖書館出版品預行編目資料

智者的遺產，西方文化思想精粹：米利都學派的開端、赫拉克利特的流變哲學、原子論的創立和發展……從古典哲學到近現代教育革新的軌跡 / 李劍橋，竭寶峰 編著 . -- 第一版 . -- 臺北市：崧燁文化事業有限公司 , 2024.04
面；　公分
POD 版
ISBN 978-626-394-208-0(平裝)
1.CST: 哲學史 2.CST: 古希臘哲學
141.09　113004371

爽讀 APP

電子書購買

臉書